THE BIG IDEAS IN SCIENCE
A complete introduction

科学大概念

［英］乔恩·埃文斯 —— 著

杨林鑫　王晓琳　褚 波 —— 译

重庆大学出版社

图书在版编目（CIP）数据

科学大概念 / (英) 乔恩·埃文斯 (Jon Evans) 著；
杨林鑫, 王晓琳, 褚波译. -- 重庆: 重庆大学出版社,
2024.3

书名原文: The Big Ideas in Science

ISBN 978-7-5689-4341-3

Ⅰ. ①科… Ⅱ. ①乔… ②杨… ③王… ④褚… Ⅲ.
①科学知识－普及读物 Ⅳ. ①Z228

中国国家版本馆CIP数据核字(2024)第040748号

This revised and updated edition published in 2020 by Teach
Yourself, An imprint of John Murray Press,
A division of Hodder & Stoughton,
A Hachette UK company
Copyright © Jon Evans 2011, 2020
版贸核渝字 2022 第010号

科学大概念
KEXUE DAGAINIAN
[英]乔恩·埃文斯 著
杨林鑫 王晓琳 褚波 译

责任编辑 王思楠
责任校对 谢 芳
责任印制 张 策
内文制作 常 亭
装帧设计 武思七

重庆大学出版社出版发行
出版人 陈晓阳
社 址 (401331) 重庆市沙坪坝区大学城西路 21 号
网 址 http://www.cqup.com.cn
印 刷 重庆愚人科技有限公司

开本：787mm×1092mm 1/32 印张：13.75 字数：224千
2024年3月第1版 2024年3月第1次印刷
ISBN 978-7-5689-4341-3 定价：58.00元

目录

第二版简介

没什么是一成不变的，对于科学和本书的名字来说也是如此。《科学大概念》（*The Big Ideas in Science*）实际上是《理解科学》（*Understand Science*）的第 2 版，所有章节都做了全面更新，以跟进过去 10 年里科学和技术发生的变化。

因为一些研究领域取得了更多进展，所以书中某些章节的变化也比其他章节大得多，这也呼应了科学与时俱进、不断发展的特点。我为本书的每一章都添加了一个全新的板块，介绍关于本章的重要科学概念，包括暗物质、暗能量、超分辨率显微镜、有益细菌、3D 打印、太阳耀斑等，让读者可以了解与本章主题相关的知识或人物。此外，每一章最后还有总结本章主要知识点的"本章小结"，以及"拓展阅读"，读者可以更方便、更系统地探索和掌握相关知识。

唯一不变的是，我想再次感谢莎拉（Sarah）、夏洛特（Charlotte）和克劳迪娅（Claudia）对我的爱和支持。

什么是科学人

现代人类（智人）从20万年前登场至今，在某些方面几乎没有任何改变。我们现在的外貌、行为和思想与早期智人没什么不同。不过，在其他方面，我们的变化却大得惊人。

而且，这些变化的发生并不是循序渐进的。在过去的几百年间，人类文明集中发生了大量且极其重要的改变。我们在这20万年中发展了农业、宗教、文化、战争和城市，但这并没有在实质上改变我们的生活。直到几百年前，我们发展了科学，变革才开始加速出现。

通过科学实验，我们现在可以回答很多关于宇宙的问题。科学改变了我们的世界和生活，也改变了我们对于宇宙和我们在宇宙中位置的认知。此外，我们还利用科学开发出了很多以前做梦都想不到的新技术。

我们过去曾认为地球是宇宙的中心，人类是宇宙中特殊的存在。然而，现在我们知道，宇宙拥有无数个星系，无数颗恒星以及无数颗围绕恒星旋转的行星。我们的地球，只是无数行星中的一员，甚至我们的宇宙也可能只是无数宇宙中的一个。

此外，我们还意识到了人类并没有什么特殊之处。我们和地球上的其他生物一样，都是在一系列巧合下诞生的幸运产物。在这一过程中，生物变得更加适应某种环境，例如我们的身体构造就特别适应非洲大草原（智人的发源地）。然而，从某些层面上讲，我们也很特别——根据目前的研究，我们可能是整个宇宙中唯一有意识、有感情的生物。

不断增长的科学知识帮我们开发出了一项又一项的尖端技术，产出的科技成果不仅延长了我们的寿命，也让我们的生活变得更加便利、舒适。这些成果也在某种程度上证实了科学理论的准确性。我们能够制造出可靠的飞机，设计出能稳定通信的智能手机，生产出美味的早餐麦片，都是因为我们的科学理论可以在一定程度上准确反映宇宙的运行方式。

科学揭示了一个比我们想象中更古老、更宏大、更陌生的宇宙。它将我们带回时间诞生之前，向我们展示了万物的尽头；它使我们能更好地探索现实，一览浩瀚无垠的宇宙；它向我们展示了如何利用宇宙中的各种规则：如何飞行，如何远程通信以及如何在夜晚点亮世界。

科学改变了我们，赋予我们改变世界的能力，现代社会因此诞生。虽然从本质上讲，我们和20万年前漫步在非洲大草原上的生物是同一物种，但科学让我们变得不凡，成为一个全新的"物种"：我们是"科学人"。

这本书是对科学人以及我们在过去几百年里取得成就的介绍。在接下来的30个章节中，我们会一同了解物质、空间、能源、生命、天气、信息和未来的科学发现，以及科学人是如何将这些发现转化为实用的技术或产品的。我们还将一起见证太阳系的诞生，跟随洋流航行数千千米，和光一起旅行，重新认识所谓的"海洋精灵"海豚……

然而，你可能还存在一些疑惑，比如当你忙着煮鸡蛋的时候，为什么要费神研究煮鸡蛋的原理呢？了解科学的重要性，感激科学带来的所有技术和产品不是就足够了吗，为什么还需要知道这些技术和产品背后的知识呢？

科学与我们世界的联系是如此紧密，作为一名科学人，一定程度上掌握产品或现象背后的原理是非常必要的。这是作为科学人的基本素养，是一种为未来着想的预见性方针，也是一种开阔眼界的途径。

在很多方面，科学都直接影响我们的生活，无论结果是好是坏。为了让我们能在好或坏的结果之间做出明智的决定，我们需要理解科学，包括科学理论以及衍生出的各种技术。事实上，人类目前亟须解决的许多重要问题，都具有强烈的科学和技术倾向。

为什么会出现全球变暖，对此我们能做些什么？克隆是一项重要的医疗技术，还是对伦理道德的挑战？人工智能的发展是机遇还是巨大的威胁，又或者二者皆是？如果你想在未来向这些问题发起挑战，那么现在做一些基础的了解是非常必要的。

我们，或者是青少年的判断和选择，将决定科学人未来的道路。科学人的未来，会是漫长而辉煌的，还是短暂而痛苦的？科学人在过去几百年里取得了很多无与伦比的成就，那么在接下来的几百年，或者几千年里，我们还能取得多少成就？我们或许可以去星际旅行，活上几个世纪，或者用各种方式强化我们的思想和身体，创造出一个真正的物理层面上的"科学人"。当然，在这之前我们也可能很快毁灭自己。

然而，即便我们设法避免了自我毁灭的结局，我们也无法改写宇宙的结局。科学已经揭示了我们在遥远未来将要面对的结局，例如太阳系的毁灭，银河系的毁灭，甚至是宇宙的毁灭。不过，你可能无法亲眼见证了，因为即使是这些结局中最早的——我们太阳系的毁灭，也要在数十亿年后才会发生，但这并不妨碍我们想了解未来会发生什么。

作为智人，未来的我们或许会随着地球或太阳系一同毁灭。但作为科学人，也许我们能开辟一条新的道路，改变自己的命运。

Part One

How we got here

第一部分

宇宙诞生记

第 1 章

爆炸，故事开始

大约 140 亿年前，宇宙中什么都没有：没有人类，没有行星，没有恒星，没有空间，没有时间……总之，就是空无一物。然后，由于某些至今仍无法解释的原因，整个宇宙突然出乎意料地爆炸了。这一过程就是科学家常说的"宇宙大爆炸"。

可能与你的认知相反，最初的宇宙其实小得可怜。宇宙刚出现的时候，它的体积还不如一个原子大。然而，几乎就在一瞬间，宇宙开始以惊人的速度膨胀，这一过程被称为"暴胀"。但暴胀过程只持续了极短的时间，几乎刚开始就停止了。在暴胀期间，宇宙的体积增长了无数倍，直径达到了 30 厘米左右。

暴胀过程的结束释放出了大量的能量，形成了今天宇宙中的一切物质。然而，由于所有的物质都被压缩在 30 厘米直径的空间内，这个时候的宇宙和我们现在熟悉的宇宙大不相同。

膨胀和冷却

当时，宇宙的温度约为 10^{27} 摄氏度（这是一种简便的写法，代表 1 后面有 27 个 0），就像一锅由各种微小粒子组成的、黏稠得难以想象的浓汤（夸克汤）。然而，宇宙没有长时间保持这种状态。尽管暴胀过程已经结束，但宇宙的膨胀和冷却至今仍在继续。

根据最新的天文测量，可观测宇宙（理论上我们可以观察到的宇宙）的半径约为 460 亿光年（1

光年即为光传播 1 年的距离，约等于 10 万亿千米），而且这个数字还在以每秒 73 千米的速度增加。

事实上，正是发现了宇宙正在膨胀这一事实，解释宇宙起源的大爆炸理论才得以诞生。有理论认为：如果宇宙正在膨胀，那么过去的宇宙一定比现在的宇宙要小。也就是说，如果时间倒流，我们会看到宇宙不断缩小，直至消失不见（有点像倒放电影中的爆炸画面）。

现在，就让我们回到宇宙诞生后万分之一秒。此时，膨胀让宇宙的温度下降到了 1 万亿摄氏度。尽管这仍是难以想象的高温，但对于夸克汤中密度较低的部分来说，1 万亿摄氏度已经足够低，可以开始发生一些重要的变化。

埃德温·哈勃
（Edwin Hubble，1889—1953）

有这样一位伟大的科学家——他开创了现代宇宙学理论，发现了宇宙在不断膨胀——他就是美国天文学家埃德温·哈勃。

在哈勃的理论出现之前（20 世纪 20 年代之前），天文学家普遍认为银河系构成了整个宇宙。然而，通过研究某些特殊恒星发出的光，哈勃发现这些恒星根本就不在银河系中，而是属于数百万光年外的另一个星系。此外，哈勃还发现这些星系和地球之间的距离越来越远，而且离我们越远的星系远离我们的速度越快。这一发现为"宇宙在不断膨胀"的说法提供了确凿的证据。

和你印象中呆板的科学家形象不同，哈勃年轻时是一名才华横溢的运动员，尤其是在拳击领域。根据哈勃自己的说法，他曾和法国拳击冠军打过表演赛。后来，因为科学研究而声名鹊起的哈勃还和当时的电影明星，例如查理·卓别林（Charlie Chaplin）和葛丽泰·嘉宝（Greta Garbo）一起参加好莱坞的聚会。

为了纪念哈勃在天文学领域的杰出贡献，人们用他的名字命名了一架观察宇宙的设备——哈勃空间望远镜（Hubble Space Telescope）。

夸克和轻子

前文中提到的"微小粒子"，其实是指"亚原子"，也就是构成原子的粒子。亚原子中有两个大类：夸克和轻子，这两类亚原子统称为"费米子"。夸克和轻子都可以进一步细分为三代，各自的第一代中包含最常见，也是我们最熟悉的亚原子类型。

最常见的夸克是上夸克和下夸克，而最常见的轻子是电子。这些最常见的亚原子构成了我们周围所有的普通物质——恒星、行星、人类、卷心菜，等等。不太常见的亚原子（包括 μ 子、τ 子、中微子和粲夸克、奇夸克、顶夸克、底夸克）构成了更加奇特的物质，只有在地球上的粒子加速器产生极高能量的时候，它们才能被观察到。

粒子加速器

通过结合天文观测、数学模型和粒子加速器提供的信息和数据，科学家得以拼凑出宇宙起源的故事。

其中，巨大而昂贵的粒子加速器是帮助科学家探索复杂亚原子世界的有效设备。粒子加速器可以加速电子和质子等粒子，让它们以极高的速度运动。然后，这些粒子会撞击静态目标或互相碰撞，产生极大的能量，从而诞生出新的亚原子，例如中微子。

2008 年 9 月 10 日，迄今为止体积最大、能量最强的粒子加速器——大型强子对撞机（LHC）首次启动运行。LHC 位于瑞士日内瓦附近地下 100 米深处，由一个 27 千米长的环状隧道组成，耗资约 100 亿美元。

磁场可以加速环状隧道中沿相反方向发射的质子，让质子在接近光速的条件下发生碰撞。通过这种方式，科学家希望找到未知的亚原子。2012年，科学家的努力获得了回报，他们首次探测到了希格斯玻色子（Higgs boson）。科学家认为，希格斯玻色子赋予了亚原子质量，是所有物质存在的基础。

强相互作用力

在宇宙诞生后的万分之一秒内，所有粒子都独立存在于温度极高、异常黏稠的夸克汤中。但随着宇宙的膨胀和冷却，单独的粒子开始结合，形成更大的物质。

温度是衡量系统中能量多少的重要指标。如果宇宙的温度很高，粒子便拥有更多的能量。在这种情况下，即便粒子互相发生碰撞，也会反弹开。然而，随着温度下降，粒子的能级也随之降低，因此它们能够结合在一起。

对于夸克来说，这种结合是强相互作用力（strong force）导致的。强相互作用力是自然界四种基本相互作用力之一。当宇宙的温度降至1万亿摄氏度以下时，强相互作用力就开始发挥作用，将上夸克和下夸克结合在一起，形成2个夸克和3个夸克的集合。

随着温度进一步下降，2 个夸克的集合破裂、崩溃，仅剩下 3 个夸克的集合（2 个上夸克和 1 个下夸克的集合或 2 个下夸克和 1 个上夸克的集合）。这些剩下的集合将成为原子核的组成部分——前一种集合成为质子，后一种集合成为中子。但这个过程最终产生的质子比中子多，因为许多中子会衰变成质子。

当所有上夸克和下夸克都组合完毕之后，强相互作用力开始将质子和中子排列成各种组合——1 个质子和 1 个中子，2 个质子和 1 个中子，以及 2 个质子和 2 个中子，最后一种组合是最稳定且持久的。其他较大的组合相对少见，而且会很快裂解，除了 3～4 个质子以及少量中子的组合。

此时，离宇宙大爆炸仅过去了 3 分钟，宇宙的温度也已经下降到 10 亿摄氏度左右。在这样的温度下，环境中的能量不足以支持质子和中子继续组合在一起，但那些已经组合在一起的质子和中子可以保持现状，不会分开。

在接下来的 38 万年里，宇宙一直保持这种状态：不断地膨胀、冷却。在此期间，宇宙中充斥着质子和中子的各种组合，加上大量多余的单个质子，以及无数电子和其他轻子。

电磁相互作用力

夸克通过强相互作用力相互结合，与轻子有明显的不同。例如，电子仅受电磁相互作用力（electromagnetic force）影响。电磁相互作用力是另一种基本相互作用力，与强相互作用力同时产生，但最初由于环境的温度太高，无法产生太大影响。

所有拥有电荷的粒子之间都存在电磁相互作用力。带电粒子要么拥有正电荷，要么拥有负电荷。带相反电荷的粒子相互吸引，而带相同电荷的粒子相互排斥。

这就像两块磁铁：相反的磁极会吸引在一起，而相同的磁极会产生排斥力，避免相互靠近。

电磁相互作用力可以影响带负电的电子和带正电的质子，但不能影响不带电荷的中子。

现在，宇宙的年龄来到了38万岁，它的温度已降至3000摄氏度，电磁相互作用力可以开始将带相反电荷的粒子（质子和电子）聚集在一起，形成原子（包括和质子组合在一起的中子）。一般来讲，原子核由质子和中子构成（也可以没有中子），周围环绕着绕原子核旋转的电子。而且由于原子总是拥有相同数量的质子和电子，因此原子不带电荷。

第一种原子物质

于是，宇宙大爆炸发生后 38 万年，第一种真正的原子物质出现了。单个电子与单个质子结合形成氢，2 个电子结合 2 个质子和 2 个中子的组合形成氦（见图 1.1）。少量含有 3 个或 4 个质子的较大组合可以与电子结合，分别形成锂和铍。

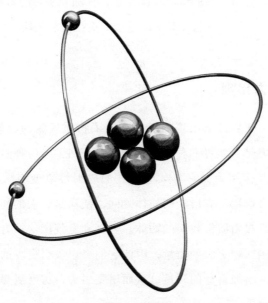

图 1.1　氦原子

最终，宇宙中产生了大量的氢，约占新出现物质的77%，少量的氦（约占23%）和极少量的锂和铍（不到1%）。这样的物质丰度一直持续到今天——宇宙中的氢和氦比其他任何物质都多（如果忽略暗物质和暗能量的话）。

不过，即便是最早出现的原子物质，也不是均匀分布在整个宇宙中的。由于宇宙膨胀过程中的随机波动，宇宙的某些区域拥有比其他区域更多的物质。分布不均的情况持续存在，伴随着宇宙的膨胀，最终导致氢和氦在某些区域形成更密集的团块。

引力出现

随后，新出现的引力加剧了物质聚集的趋势。引力是自然界四种基本力中的第三种（第四种是弱相互作用力，它与某些形式的放射性衰变有关）。引力作用于有质量的物体之间，使质量较大的物体可以吸引质量较小的物体。氢气和氦气团块拥有比周围区域更大的质量，因此它们可以吸引更多的物质，增加自身的质量，从而增强引力，再吸引更多的物质，如此循环。

几亿年后，这些由氢和氦组成的团块形成了第一批恒星和星系，被宽广的真空空间分隔开。此时的宇宙，才比较接近我们今天熟悉的宇宙。

然而，以上只是所有故事的 —— **开始**。

暗物质和暗能量

你可能会认为原子物质很普通，它们构成了我们以及我们周围的一切。但实际上，原子物质并不常见，它们可能只占宇宙物质总量的 5%。宇宙中的绝大部分空间里或许充斥着两种我们了解十分有限的神秘物质：暗物质和暗能量 —— 前者被认为占宇宙物质总量的 27%，后者的占比约为 68%。

目前，科学家只找到一些间接证据，证明上述物质存在。比如，根据星系的运动情况，科学家推断出可能存在一种不可见的物质，因为仅靠星系团中可见部分产生的引力，是无法将既有的可见物质束缚在星系团内的，因此星系团中应该存在大量的暗物质。

另一方面，天文学家在研究超新星（恒星演化末期的剧烈爆炸阶段）时发现，宇宙在神秘地加速膨胀。天文学家认为是一种叫作"暗能量"的未知力量导致了宇宙的加速膨胀。

一开始，科学家认为暗物质就是黑暗宇宙深处无法观测到的普通物质，比如某些特殊行星和死亡恒星的核心。但目前，更多主流观点认为这类物质只是暗物质中的一小部分，而大部分暗物质都由一种或多种我们从未遇到过的粒子组成 —— 大质量弱相互作用粒子（WIMP）。顾名思义，这种特殊粒子不会与普通物质发生太多的相互作用（除了引力），这使得它们很难被探测到。

至于暗能量，目前的了解就更少了。我们需要知道的是，所有关于暗物质和暗能量的猜想和假设，都包含暗物质和暗能量根本不存在的可能。因此，科学家们可能还需要为证实这些奇怪宇宙现象寻找更多的证据。

本章小结

- 宇宙在 140 亿年前形成，这个过程被称为宇宙大爆炸。

- 目前，可观测的宇宙的半径约 460 亿光年，而且这个数字还在以每秒 73 千米的速度增加。

- 原子物质可能只占宇宙物质总量的 5%，而暗物质和暗能量是宇宙中最多的两种物质。

- 自然界有四种基本力 —— 引力、电磁相互作用力、强相互作用力和弱相互作用力。

- 一般来说，原子都拥有质子和中子组成的原子核（部分原子没有中子），以及环绕原子核运行的电子。

拓展阅读

- Butterworth, Jon, *A Map of the Invisible: Journeys into particle physics* (London: Windmill Books, 2018).

- Singh, Simon, *The Big Bang: The most important scientific discovery of all time and why you need to know about it* (London: Harper Perennial, 2005).

第 **2** 章

我们是星辰

英国摇滚乐队 Hawkwind 有一首歌曲，名为《迷幻深空》(*Space Is Deep*)，歌词中描绘的宇宙是寒冷、黑暗且空旷的。但即便是在太空的深处，孤独的原子偶尔也会相遇，发生反应，结合在一起形成分子。

宇宙射线

在我们的印象中，太空是寒冷、黑暗的代名词，但实际上，宇宙中充满了紫外线（UV）和宇宙射线（主要是亚原子粒子和原子核），它们都来自恒星。这些射线将电子从氢、氦和氧原子上击落，形成带正电的离子。这些离子可以参与化学反应，哪怕在低至零下 263 摄氏度的温度中，化学反应依旧能够进行。

离子

在第 1 章中，我们已经知道了原子不带电荷，因为原子拥有的电子数和质子数相等，正负电荷互相抵消了。然而，在某些情况下，原子会失去或得到额外的电子。如果原子失去一个或多个电子，那么它们将拥有比电子数量更多的质子，成为带正电荷的阳离子。如果原子获得一个或多个电子，那么它们将拥有比质子数量更多的电子，成为带负电荷的阴离子。带相反电荷的离子可以聚集在一起形成分子，例如食盐的主要成分氯化钠（NaCl）就是钠离子（Na^+）与氯离子（Cl^-）结合形成的。

当离子间相互碰撞或离子与碳原子、铁原子、氮原子和硅原子碰撞时，就会发生反应，生成简单的分子，例如一氧化碳、水和硅酸盐（氧和硅的各种组合，比如 SiO_4）。

硅酸盐本质上是细小的颗粒，其他各种分子可以和水分子一起附着在硅酸盐表面，并冻结在一起。这样一来，大量的简单分子聚集在一起，创造了发生反应的基础条件，而紫外线和宇宙射线可以提供反应所需的能量。最终，通过化学反应，宇宙中诞生了更复杂的分子，例如甲醇、氨和甲醛。

如果有大量分子附着的硅酸盐颗粒和恒星之间的距离足够近，恒星的高温会源源不断地提供能量，让冻结在颗粒表面的复杂分子持续发生反应，产生更大、更复杂的分子，例如乙醇醛（最简单的糖分子）、醋酸（醋的主要成分）和氨基乙腈。地球上所有生命的核心成分——氨基酸的形成就与氨基乙腈有千丝万缕的联系（见第 4 章）。

新元素形成

但你可能会疑惑，上文中提到的氧、碳、氮、铁和硅原子是从哪里冒出来的？在第 1 章中，我们了解到宇宙大爆炸产生了大量的氢和氦以及少量的锂和铍。但自然元素（本身存在于地球的元素）总共有 92 种，除了一开始诞生的 4 种外，其他 88 种自然元素是怎么出现的呢？每一种自然元素都拥有特定数量的质子和电子，它们结合在一起构成分子，形成了我们今天看到的所有物质。

答案其实很简单，宇宙大爆炸后约 3 亿年，第一批恒星诞生，照亮了原本黑暗的宇宙。炙热的恒星就像宇宙中最完美的"熔炉"，"锻造"出了大部分其他自然元素。

首先，氢气和氦气组成的巨大分子云在引力的作用下聚集在一起，坍缩形成单独的恒星。随着坍缩持续进行，恒星的核心变得越来越致密、紧实，核心的温度也越来越高。高温使氢原子和氦原子（可以忽略锂和铍）的能量升高、速度加快，开始相互撞击。

随后，核心的温度上升到了 50 000 摄氏度左右，原子间的碰撞也愈发猛烈。猛烈的撞击甚至让原子失去电子，形成了被电子气体包围的氢和氦原子核的混合物。但无论如何，坍缩仍在继续：氢和氦原子核仍不断相互撞击，核心的温度也持续上升。

最终，在 1000 万摄氏度的高温下，构成氢原子核的单个质子相互撞击，产生足够的力量，从而融合在一起。但这种力也会导致其中一个质子衰变为中子，最终形成氘原子核（氘是氢的一种同位素）。在新元素形成的过程中，我们常说的核聚变已经开始，尽管此时的温度仍然太低，氦原子核无法参与聚变。

同位素

在广为人知的元素周期表中，每个元素都待在自己固定的单元格中。但在现实世界中，情况要复杂得多，许多元素以多种不同的形式存在，也就是同位素。

同位素是具有相同数目的电子和质子，但中子数不同的元素。标准氢原子的原子核仅由一个质子构成，但氢还有另外两种同位素：氘（原子核由一个质子和一个中子组成）、氚（原子核拥有一个质子和两个中子）。

不同的元素拥有的同位素数量有所不同，比如锡元素有 10 种稳定的同位素。尽管同位素的化学性质几乎相同，但它们参与化学反应的速率可能存在差别，这会带来一些很重要的影响。

碳有两种主要的同位素——碳-12 和碳-13，它们的原子核由 6 个质子加上 6 个或 7 个中子组成（碳后面的数字代表原子核中的质子数和中子数之和)。地球上的生命都以碳元素为基础，但生命通常更偏爱重量更轻的碳-12，而不是碳-13。因此，如果我们在一组岩层中发现了大量的碳-12，就表明这组岩层形成的时候，可能存在生命活动。而且不管是在早期地球，还是在外星球，情况可能都是如此。

现在，氘原子核开始和氢原子核、氦原子核一起高速运动。氘原子核与质子碰撞，发生聚变，形成一种不寻常的氦原子核——氦-3(由两个质子和一个中子组成)。当两个氦-3原子核发生碰撞时，它们会融合在一起，形成一个包含两个质子和两个中子的标准氦原子核，同时释放出两个质子。

氦原子核是这一系列聚变反应的最终产物，聚变过程还会以伽马射线的形式释放出大量能量。在伽马射线穿过恒星的过程中，会转成其他形式的电磁辐射（见第17章），可见光就是其中之一。这一转变过程还会产生一种向外的力，试图抵消恒星的坍缩。不过，目前这种力还不足以阻止恒星核心的进一步坍缩。

发光的恒星

然而，当恒星的核心温度来到 2500 万摄氏度的时候，核聚变反应已足够强烈，释放出的电磁辐射可以阻止恒星坍缩了。于是，一颗稳定的、发光的恒星诞生了。在这颗恒星剩余的生命周期中，它将持续消耗核心中储存的氢，通过聚变反应将其转化为氦，并在此过程中不断释放电磁辐射。不过，在核心之外的氢不会被消耗，因为恒星外围的温度还不够高，不足以支持核聚变反应。

恒星的"寿命"长短取决于自身的大小。大质量的恒星（大约比我们的太阳大 60 倍）寿命最短，大约会在 6000 万年内将核心中的氢消耗殆尽，不过发出的光芒要比太阳亮 10 万倍。相比之下，最小的恒星（只有太阳大小的十分之一）可以"存活"超过 8000 亿年，但亮度只有太阳的千分之一。太阳大约能持续发光 100 亿年，按人类的年龄来类比的话，它现在刚刚步入中年。

如果一颗恒星的生命走到了尽头（耗尽了所有的氢），它的核心会再次开始坍缩，使恒星核心的温度继续上升，引发一系列新的核聚变反应。在 1 亿摄氏度的高温下，核心中的氦原子核开始聚变成碳原子核。科学界普遍认为，元素周期表中氢和碳之间的 3 种元素 —— 锂、铍和硼 —— 不是在恒星内部合成的。宇宙射线中的高能粒子与碳和氮等元素发生碰撞，产生了这 3 种元素，这一过程被称为"宇宙射线散裂"（cosmic ray spallation）。

随着恒星的核心不断升温，恒星外围的温度也随之上升，使得之前温度太低的恒星外围也开始发生核聚变反应。现在，恒星的核心和外围都能发生核聚变反应了，这产生了大量的电磁辐射，暂时阻止了恒星核心的坍缩。然而，这会导致恒星外围开始膨胀，让恒星的体积扩大 100 倍，成为一颗红巨星。

不过，等到恒星再次耗尽所有的核聚变元素的时候，恒星内核很快又开始收缩，导致温度继续上升，引发新一轮的聚变反应。恒星核心的温度会从 1 亿摄氏度上升到 60 亿摄氏度，在此过程中依次合成元素周期表中的 21 种元素（从氧到铁）。最终，整个聚变过程逐渐停止，因为铁太稳定了，不能引发进一步的核聚变反应。

现在，再也没有聚变反应产生的电磁辐射来支撑整个恒星了。恒星的坍缩已无法阻挡，直到体积压缩到极致，把铁原子核和电子挤压成一个巨大的"内核"。随后，恒星的内核爆发出大量中子和其他亚原子，将恒星整个撕裂，变成一个咆哮的"火球",这一过程被称为"超新星爆发"(supernova explosion)。在之后几个月的时间里,它散发出的光芒将比整个星系还要亮。

在这些粒子撕裂恒星的过程中,中子和其他亚原子与恒星外围核聚变反应产生的所有元素(从碳到铁)发生碰撞,生成剩余的66种自然元素。最终,所有这些元素都被抛向宇宙深处。

不过,只有大质量的恒星——至少比太阳大20倍的恒星,才能完整地合成87种新元素。比太阳大10倍的恒星,最多只能在核心部位合成硅以及硅以下的元素,但这种恒星仍可以爆发(成为超新星)。

比太阳大3倍的恒星,最多只能合成到碳元素,而我们的太阳最多只能合成到氦元素。这类恒星不会剧烈爆炸,它们会喷射出不断向外运动的物质流(包括质子流和电子流)——"星风"(stellar wind),从而慢慢消失。然而,恒星的消失并不代表故事的结束,因为所有消失的恒星都会通过某种方式"死而复生",这一过程有时比它们的"这一世"更激动人心。

从白矮星到黑洞

如果一颗恒星爆发成为超新星，或者在喷射星风后缓慢消逝，都会留下高度压缩的聚变反应"残留物"，这种残留物的确切形式取决于原恒星的大小。例如，我们的太阳燃尽后将变成一颗白矮星——其质量是目前太阳的一半多一点，大小和地球差不多。

比太阳大 10 ～ 25 倍的恒星会变成完全由中子构成的残留物（中子星），直径可能只有十几千米，质量却是太阳的 3 倍。然而，比太阳大 25 倍以上的恒星会走向一条不同的道路。这类恒星的质量太大了，它们的核心无法停止坍缩。于是，宇宙中最恐怖的天体——黑洞，就由此诞生了。

黑洞的中央存在一个体积无穷小、质量无穷大的点——"奇点"（singularity）。它的引力实在太大了，甚至连光都无法逃脱。黑洞外围的边界被称为"事件视界"（event horizon），如果我们接近事件视界，时间就会变慢；而一旦穿过事件视界进入黑洞内部，所有已知的物理定律都将失效。

事件视界的大小取决于黑洞的质量。如果黑洞吸入附近的恒星或气体云，黑洞的质量就会增加。最大的黑洞可能存在于许多星系的中心，我们的银河系也不例外。这些巨大的黑洞被称为"超大质量黑洞"（supermassive black hole），质量可能是太阳的 100 万～ 100 亿倍。2019 年，科学家首次捕捉到一个黑洞的图像。

120亿年前，第一颗恒星出现以来，无数代恒星不断经历新生和死亡的过程。总计上百亿颗恒星在绚丽的光芒中爆炸，将87种元素散布到整个宇宙空间。大质量的恒星爆炸时会喷射出大量物质，比20个太阳的物质总量还要多。不过，尽管宇宙中存在很多种元素，但氢和氦仍然占宇宙可见物质的绝大部分（占98.1%），其次是碳、氮和氧（占1.4%），剩下的87种共占0.5%。

这些元素在太空中扩散，与宇宙大爆炸遗留下来的氢和氦气体云混合，形成稠密的分子云，成为新一代恒星诞生的摇篮。

弗雷德·霍伊尔

(Fred Hoyle, 1915—2001)

在20世纪四五十年代，英国天体物理学家弗雷德·霍伊尔利用核物理知识，还原出了恒星制造元素的诸多细节。

在职业生涯末期，霍伊尔极力宣扬"胚种论"（panspermia），认为最初的生命并非起源于地球，而是由彗星带到地球的。但"胚种论"没有确凿的证据支撑，时至今日都未得到大多数科学家的承认。霍伊尔还声称，外星细菌和病毒也会通过这种方式来到地球，引发癌症和疾病大流行。

霍伊尔还创造了"宇宙大爆炸"一词——尽管他一直认为这个关于宇宙起源的理论是错误的。此外，他甚至还写了几部科幻小说。

这些稠密的分子云可以延伸几千光年，也是大部分有趣化学反应发生的场所。因为分子云中的物质密度更高，也就是说，各种物质离得更近，更容易发生反应。

不过，"密度更高"也只是相对于其他大部分宇宙空间来说。实际上，分子云中物质的密度和科学家能在地球上形成的最佳真空环境差不多。尽管如此，相比于其他大部分宇宙空间，分子和原子更容易碰撞或冻结在分子云中的硅酸盐颗粒上。

除此之外，分子云还能起到一定程度的保护作用，在太空的恶劣环境中保护脆弱的分子。在分子云之外，紫外线和宇宙射线可以轻易地破坏分子，只有一氧化碳和一组质量较大、蜂窝状结构的碳基分子——多环芳烃（PAHs）存在的时间较长。进入分子云后，紫外线和宇宙射线会迅速失去大部分能量，因此能在不破坏最终产物结构的情况下促进化学反应进行。

利用无线电和红外望远镜，科学家们不断地在这些分子云中发现新的分子（见第17章）。在撰写本文时，科学家已经检测到大约200种不同的分子，包括本章开头提到的所有分子。

刚孕育新恒星的稠密的分子云往往是复杂分子诞生的场所。科学家在被称为"大分子家园"（Large Molecule Heimat）的分子云内部，探测到了一些十分复杂的分子，例如甲酸乙酯。这支持了科学家的猜想：在宇宙环境中，加热被冰包裹的颗粒可以产生复杂分子。

科学家在实验室内模拟这一过程，加热被甲醇、水、氨和一氧化碳等分子覆盖的冰冻颗粒，结果产生了更复杂的有机分子，包括一种特殊分子——六亚甲基四胺。如果这种物质接触到酸，可以自发形成氨基酸。

到目前为止，科学家还没有在分子云中确凿地检测到氨基酸，这可能是因为像氨基酸这样的复杂分子很难识别。但科学家在一种被称为碳质球粒陨石的陨石中发现了氨基酸，以及其他形成生命的重要分子。科学家认为，碳质球粒陨石从未暴露在高温下，这或许可以作为我们理解致密分子云的参考，正是这些分子云孕育了我们的太阳系。

在彗星上，科学家也发现了类似的重要分子。彗星是由尘埃和冰构成的，诞生于太阳系的遥远边缘，也能反映孕育它们的分子云的组成。

所以，生命可能从诞生之初就在太阳系中留下了"足迹"。

本章小结

- 在宇宙中，紫外线和宇宙射线可以诱使原子和分子发生反应。

- 88 种不是由大爆炸产生的元素中，大多数都是在炽热的"恒星熔炉"中锻造出来的，这一过程被称为"核合成"。

- 一颗恒星会将核心中储存的氢转化为氦，并在这个过程中释放电磁辐射。

- 一颗恒星的寿命取决于它的大小：太阳大约能持续发光 100 亿年，按人类年龄来类比的话，它现在刚刚步入中年。

- 在耗尽所有"燃料"后，一颗恒星将变为三种天体中的一种：白矮星、中子星或黑洞。

拓展阅读

- Chown, Marcus, *The Magic Furnace: The search for the origin of atoms* (London: Vintage, 2000).

- Tyson, Neil Degrasse, *Astrophysics for people in a hurry* (New York: W. W. Norton & Co., 2017).

第 **3** 章

太阳系食谱

　　如果用做饭来类比的话，想要制造一个"美味"的太阳系，我们首先要取一团新鲜、稠密的分子云。这种物质通常由大爆炸遗留下来的氢和氦组成，但也可能包含一些附近的超新星喷发出来的其他自然元素，以及由这些元素经过化学反应形成的简单分子，例如一氧化碳、水和硅酸盐等。

随后，将这团分子云放置在爆发的超新星附近，经受冲击波的洗礼。在重力的作用下，分子云将发生坍缩。几十万年后，坍缩区域中心的温度将上升到极高的程度，足以触发核合成反应。这意味着，新的恒星即将诞生。

坍缩会使新诞生的恒星加速旋转。由于自身巨大的质量，新恒星会开始拖拽周围其他坍缩区域。于是，在曾经存在过分子云的地方，现在将诞生一大批新恒星，每一颗恒星都被一大片不停旋转的尘埃和气体环绕着。这些延伸数十亿千米的尘埃和气体被称为"星周盘"（circumstellar disc）。

我们的太阳系

然后，我们只需要再静静等候 1 亿年。在这段相当长的时间里，这些环绕恒星的星周盘将自然而然地转变成"香气四溢"的太阳系。目前，大部分科学家都认可这份有着 45 亿年历史的"太阳系制作指南"。

我们的太阳系由靠近太阳的 4 颗岩质行星（水星、金星、地球和火星）和外围的 4 颗气态巨行星

（木星、土星、天王星、海王星）组成，它们被小行星带隔开（见图 3.1）。在海王星轨道之外很远的地方，还有一颗被冰雪覆盖的矮行星——冥王星，关于它是否是一颗行星之前存在一些争议。

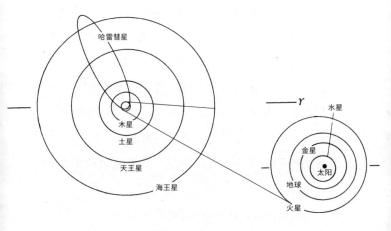

图 3.1　我们的太阳系

在冥王星之外，有一片被称为"柯伊伯带"（Kuiper belt）的区域，大量冰质天体在这片区域内运行。柯伊伯带主要由彗星组成，但也包含许多与冥王星大小相似的小型冰质行星。因此，来自柯伊伯带的冥王星，或许不该被视作一颗真正的行星。目前公认的说法是，冥王星应该和其他冰质行星一样被归类为矮行星，这也是 2006 年以来冥王星的官方分类。

然而，还存在一个更大的彗星群，被称为"奥尔特云"（Oort cloud）。在柯伊伯带，可能有几百万颗彗星在一个带状平面上运行，而科学家认为在奥尔特云，有大约 1000 亿颗彗星沿着准球形轨道运行。

在描述太阳到周边天体的距离时，千米这个单位实在太小了，而光年又太大了。因此，天文学家常使用天文单位（AU）来衡量。1 天文单位相当于地球到太阳的距离，约等于 1.5 亿千米。如果用这一单位进行表述，太阳到水星的距离为 0.4 天文单位，到木星的距离是 5.2 天文单位，到海王星的距离是 30.1 天文单位。柯伊伯带距离太阳约 30 ～ 55 天文单位，而奥尔特云距离太阳 2000 ～ 50 000 天文单位。

太阳系形成

天文学家认为，围绕早期太阳运转的星周盘是通过以下过程转变为太阳系的。星周盘中的气体主要由氢、氦、氧、碳和氮元素组成，而尘埃主要由铁（镁）硅酸盐，以及一些额外的碳、多环芳烃和金属铁组成。

总的来说，星周盘（尘埃和气体）的总质量

最多相当于太阳的 10%，其中气体占 98.5%，尘埃占 1.5%。一开始，星周盘内的湍流使尘埃和气体混合在一起。但在早期太阳形成后，这种湍流就会消失，质量较大的尘埃会开始"沉淀"，靠近太阳。这些尘埃就像一杯水里的沙砾，如果你停止搅拌，沙砾就会很快沉淀下来。这一过程会持续几千年，之后星周盘变成了两部分：靠近太阳的扁平尘埃盘，以及外围一圈较厚的气体盘。

星周盘吸收尘埃和气体的过程会产生热量，而且早期太阳也会散发热量，因此星周盘的温度会逐渐升高。当然，星周盘靠近太阳区域的温度会比其他区域更高，也就是说，从星周盘中心到边缘的温度会逐渐降低，这决定了我们的太阳系最终会变成什么样。

冰冷的涂层

在第 2 章中，我们了解到，宇宙深处的水和二氧化碳等简单分子很容易冻结在硅酸盐颗粒的表面，形成一层"冰涂层"。这样一来，这些简单分子更容易发生反应，形成更复杂的分子（例如甲醇、氨和甲醛）。

在星周盘中，几乎所有的尘埃颗粒都拥有这样的"冰涂层"，但由于所处的位置不同，这些"冰涂层"的处境会有所不同。如果尘埃颗粒的位置比目前的木星轨道（距离太阳 5.2 天文单位）更靠近太阳，周围温度应该高于冰点（在太空中约为零下 50 摄氏度）。因此，尘埃颗粒上的"冰涂层"会很快蒸发，留下光秃秃的硅酸盐颗粒。而在距离太阳 5.2 天文单位之外（这一距离在天文学中被称为"冻结线"），周围的温度没有超过冰点，因此硅酸盐颗粒可以继续保留"冰涂层"。

形成原行星

在星周盘围绕早期太阳运行的过程中，硅酸盐颗粒开始聚集在一起，形成稍大一些的颗粒。这些颗粒会不断吸附其他颗粒，继续变大，就像从山上滚下来的雪球那样。于是，在大约 100 万年后，大约 30 颗原行星形成了。这些原行星的大小可能介于月球和火星之间，而且都处于冻结线范围内。

然而，在冻结线之外，原行星的形成速度要快得多，因为保留"冰涂层"的硅酸盐颗粒比普通硅酸盐颗粒略大一些。最重要的是，冻结线内的硅酸盐颗粒表面蒸发出的物质（水和其他分子），一旦到达冻结线外，就会重新附着到硅酸盐颗粒上，增加"冰涂层"的质量。

100 万年后，一颗质量超过 10 个地球的原行星在冻结线处诞生了。这颗原行星的质量足够大，在重力的影响下，它开始吸引周围区域的所有气体和其他物质。又过了 100 万年，这颗原行星的质量增大到了地球的 30 倍，它的周围还形成了一层巨大的气体层（质量几乎是地球的 288 倍）。于是，木星诞生了。

通过类似的过程，另外 3 颗气态巨行星也诞生了，但质量都远不如木星。主要有两个原因：一是形成木星的过程吸收了很多气体，二是一股强劲的太阳风正在吹走剩余的气体。因此，土星、天王星和海王星只能拥有较少的气体。木星的质量是地球的 318 倍，而土星的质量只有地球的 94 倍，天王星和海王星的质量还不到地球的 20 倍。

在冻结线以内，即星周盘中相对温暖的区域，岩石构成的原行星没法变得和气态巨行星一样大。它们会与其他原行星反复碰撞，这是成为真正行星的关键一步，但也可能彻底摧毁它们。最终，在大约 1 亿年后，碰撞过程形成了 4 颗岩质行星，以及一堆被称为小行星带的岩石碎片。

地球诞生

4颗岩质行星中最大的是地球。与其他岩质行星一样，地球主要由硅酸盐和铁组成。在形成过程中，地球不断地经历碰撞，导致地球表面成为一片巨大的熔岩海洋。地表的高温传导至地球内部，过高的温度甚至熔化了地球内部的硅酸盐和铁。铁的密度比硅酸盐大，因此熔融的铁会穿过硅酸盐向下流到地球的中心，最终形成一个熔融的铁芯（地核）。今天，地核仍安静地待在地球的中心（见第11章）。

在形成过程即将结束的时候，地球遭受了一次异常猛烈的撞击——一颗比火星稍大的原行星撞上了地球。这次碰撞完全摧毁了这颗原行星，甚至炸飞了小半个地球，形成了很多绕地球运行的岩石碎片。之后1000万年的时间里，这些岩石碎片聚集在一起，形成了月球。

随后，刚刚平静下来的地球又遭遇了新一轮的磨难——无数的彗星和小行星开始撞击地球。而且在接下来的5亿年中，这样的撞击一直持续着。这些彗星形成于冻结线之外，由拥有"冰涂层"的颗粒团块组成，一开始在圆形轨道上绕太阳运行。

但是不久前形成的气态巨行星扰乱了它们的运

行轨道，把这些彗星抛得到处都是。一些彗星甚至被甩出了太阳系，而另一些最终形成了奥尔特云。剩余的彗星会加速飞往太阳系内部，在那里它们有很大概率与4颗岩质行星相撞。

不过，频繁的撞击对地球来说是有好处的，这些彗星和小行星带来了大量的水（形成了海洋），以及孕育生命的碳基物质。

通过持续观测太阳系，天文学家一点点拼凑出了这份"太阳系制作指南"。然而，在几十年前，天文学家发现了第一颗围绕其他恒星运行的行星。于是，天文学家现在有了更多需要观测的目标。针对这些星系的研究可能带来一些关于太阳系诞生的不同意见。

超级地球和热木星

1992年，天文学家发现了第一颗太阳系外的行星（系外行星），证明了宇宙中还有其他类似太阳系的存在。在接下来的十几年里，越来越多的系外行星被发现。尤其是在2009年发射开普勒太空望远镜之后，被发现的系外行星的数量更是猛增。开普勒太空望远镜是专门设计用于搜寻系外行星的。在2018年，开普勒太空望远镜的燃料耗尽，但在工作的9年时间里，它探测到了大约 2600 颗系外行星。加上地面望远镜的观测，在作者编写本书的时候，天文学家发现了大约 4000 颗系外行星。

系外行星是如此多见。天文学家甚至认为：宇宙中的每一颗恒星可能至少拥有一颗围绕自身运行的行星。不过，即便我们的太阳系不是唯一的，但它仍是非常不凡的。因为迄今为止发现的两种最常见的系外行星，和太阳系内的行星差别相当大。

一种系外行星被称为"超级地球"，是一种岩质行星，大小介于地球和海王星（直径是地球的 4 倍）之间。另一种被称为"热木星"，是一种气态巨行星，运行轨道离它们的恒星非常近。地球可能是太阳系中最大的岩质行星，但大多数超级地球要大得多，而且目前的太阳系形成理论无法解释气态巨行星为什么会出现在如此靠近恒星的地方。这意味着存在两种可能性，要么是太阳系形成的理论还不够完善，要么是这些气态巨行星在形成后向恒星迁移了。不管怎样，关于太阳系是怎么形成的，还有很多问题有待解答。

幸运的是，新一代太空望远镜有望解答其中一些问题，包括已于 2021 年 12 月发射的詹姆斯·韦伯太空望远镜。这台望远镜在发现系外行星的同时，也将能探测这些行星反射的光。因此，詹姆斯·韦伯太空望远镜能探测系外行星的大气组成，甚至拍摄它们的图像。

寻找系外行星

天文学家开发出了两种探测系外行星的方法。第一种是径向速度法（radial-velocity method），也是最开始用于寻找系外行星的方法，但随后这种方法被凌日法（transit technique）取代。找到许多系外行星的开普勒太空望远镜就采用了凌日法。

当行星绕恒星运行时，恒星的位置可能会由于引力作用出现轻微的摆动，这种摆动会导致恒星靠近或远离行星。因此，这些恒星的位置相对于地球也会发生变化。通过研究这些恒星发出的光的波长，天文学家可以了解这一运动过程（见第17章），这就是径向速度法。当恒星远离地球时，它发出的光会被拉伸，波长变得更长，颜色也更红（红移）；而当恒星靠近地球时，它发出的光会被压缩，波长变得更短，颜色也更蓝（蓝移）。如果天文学家发现以上情况，就说明这颗恒星拥有一颗或多颗行星。

当系外行星从它的恒星和地球之间经过时，恒星的亮度会略有下降。通过监测其他恒星的亮度，就能找到系外行星，这种方法就是凌日法。尽管凌日法比径向速度法更高效，可以同时监测多颗恒星，但这种方法要求系外行星和它们的恒星与地球在同一平面上，这样系外行星才能经过它们之间的位置。

当然，天文学家可以同时利用这两种技术，了解关于系外行星的不同信息。径向速度法可以揭示系外行星的质量，因为行星质量越大，使其恒星摆动的幅度也越大。而凌日法可以揭示系外行星的大小，因为行星的体积越大，阻挡的光线就越多。根据行星的质量和大小，天文学家可以计算出系外行星的密度，从而确定它们是由岩石还是气体构成的。

尽管原理不同，但这两种技术都能有效探测靠近恒星运行的大型系外行星，因为较大的系外行星会引起恒星较大程度的摆动和光线亮度下降。这可能在一定程度上解释，为什么天文学家迄今为止找到的大都是体积庞大的超级地球和热木星。

本章小结

- 在大约 45 亿年前，由尘埃和气体构成的围绕早期太阳旋转的星周盘，逐渐演化成了我们的太阳系。

- 我们的太阳系由 4 颗靠近太阳的岩质行星（水星、金星、地球和火星）以及 4 颗外围的气态巨行星（木星、土星、天王星和海王星）组成，它们被小行星带分隔开。

- 这条小行星带也叫"冻结线"，是从岩质行星到气态巨行星的过渡区域。在冻结线之外，温度不足以融化硅酸盐颗粒上的"冰涂层"。

- 早期地球与一颗比火星稍大的原行星相撞，从而形成了月球。

- 作者编写本书的时候，天文学家已经发现了大约 4000 颗系外行星，其中最常见的类型是体积较大的超级地球和热木星。

拓展阅读

- Cohen, Andrew and Cox, Brian, *The Planets* (London: William Collins, 2019).

- Schrijver, Karel, *One of Ten Billion Earths: How we learn about our planet's past and future from distant exoplanets* (Oxford: Oxford University Press, 2018).

第 **4** 章

生命诞生

大约38亿年前，地球还不是一个适宜居住的地方。

此时，小行星和彗星的"轰炸"才刚结束，地面和海水的温度都很高，超过100摄氏度。无处不在的火山不断喷发出水蒸气、二氧化碳、二氧化硫、氢和氮，形成了一种浑浊、令人窒息的大气。此时的大气主要由二氧化碳组成，还含有少量的甲烷、一氧化碳、氢气和氮气。阴沉的天空不断降下酸雨，在地表的岩石上留下痕迹。与此同时，彗星和陨石仍会不时地撞上地球。

然而，最早的生命可能就诞生在这地狱般的环境中。1996年，科学家在格陵兰岛发现了38亿年前的岩石样本，也是已知的最古老的岩石样本之一，其中含有生命存在的证据。这些岩石样本中的碳-12含量比碳-13略多一点（见第2章），但一些科学家提出了不同的看法。他们认为，在漫长的时间里，地热可能改变这些岩石样本的成分，因此推论它们诞生时的组成成分就成了一件很棘手的事情。

不过，即便在那个时候生命还没有出现，它们也会很快诞生在地球上。科学家在澳大利亚发现的岩石，可以追溯到约35亿年前，其中包含的微观结构看起来非常像细菌化石。此外，科学家还找到了一些同时期生命活动遗留的痕迹，例如被称为"叠层石"的化石群落。无法想象，在陨石和彗星地猛烈"轰炸"结束后，仅过了几亿年，微生物就塞满了地球的海洋。没有任何生物能在如此猛烈的"轰炸"的轰炸中幸存下来，因此这短短的几亿年就是生命诞生所花费的时间。这传达了一个重要信息：只要条件合适，生命诞生非常简单、快捷，可能只需要 2000 万年。但生命究竟是如何产生的，目前科学界还没有明确的答案。

露卡

问题的关键在于，我们无法穿越时空，见证生命是如何诞生的。早期的细菌可能留下了化石遗迹，但最早的生命形式，所有物种的共同祖先——露卡（LUCA）没有留下任何线索。因此，为了拼凑出事件的真相，科学家一直在遵循两种研究方法。

第一种方法是寻找那些导致生命出现的"必要条件"。通过研究早期地球上可能存在的化合物以及它们之间可能发生的反应，科学家正试图弄清楚这些化学物质是如何聚集在一起形成生命的。第二种方法是研究现存生命的基本组成，通过回溯研究确定它们在演化过程中可能出现的变化。

第一种方法是"自下而上"的方法，研究生命从无到有的过程；第二个方法是"自上而下"的方法，从现存生命逆推它们的演化过程。科学家希望这两种方法最终能达成一致，推演出一条从无生命化学物质到活跃在海洋中的微生物的演化路线。目前，针对这一演化路线的研究才刚起步。

什么是生命

不过，在踏上这条"生命演化之路"之前，或许我们应该先了解一下生命到底是什么。区分生命和非生命看似相当简单，例如狗是活的，而石头不是。但要给出一个正式的定义却相当困难。能够繁殖或许是衡量生命最直接的标准。一个生命必须能够复制自己，复制品可能与原版相同，也可能是不同的。但这个标准本身就不够严谨，例如把晶体放在饱和盐溶液中，就可以产出完全相同的副本，但没有人会认为晶体是活的。

除了繁殖能力，生命还要有进化能力。对于某种生物来说，它们的复制品需要不断适应环境，随着环境因素的变化而发生改变，我们将在第 5 章更详细地解释这一过程。进化使得早期地球海洋中漂浮的简单微生物转成了现存或曾经存在过的各种生命形式。

生命的基本属性

现在，我们已经知道了生命的基本定义，可以开始进一步了解生命的基本属性了。当然，这些属性应该是所有生命共有的，包括最早的生命形式。这些基本属性中最基础的一条是：地球上的所有生命都是由含有碳和氢的分子构成的，也就是有机分子。如果说早期地球有一个条件是科学家能够确定的，那就是有拥有大量的有机分子。

有机分子有许多不同的来源。首先，撞击早期地球的陨石和彗星带来了大量不同的有机分子。在浑浊的大气中，闪电和阳光会促使气体分子发生反应，自然产生有机分子。最后，在海底的热液喷口附近，也会诞生有机分子。这些喷口是地壳的裂缝，会不断喷涌出大量的热水。热水在地底岩浆周围循环，富含二氧化碳和来自岩浆的各种化合物。这些化合物可以相互作用，形成有机分子。

所以，在早期地球上的任何水体中，从海洋到地表的水坑，都可能充满了有机分子。由于阳光或地热的加热作用，这些分子开始相互反应。大多数情况下，这类反应都是极度混乱的，没什么秩序可言，但偶尔也会产生一个稳定的反应体系，其中一组反应的产物会参与到新的反应之中。稳定而有秩序的反应非常重要，是诞生氨基酸，乃至所有生命的基础。

氨基酸怎么结合？

在早期地球上，存在一类特殊的有机分子——氨基酸，由围绕在碳原子周围的碳、氢、氧和氮通过各种方式组合而成。科学家知道这一点是因为他们在陨石和彗星中都发现了氨基酸。此外，通过模拟可能发生在早期地球大气和热液喷口周围的反应，科学家也成功合成出了氨基酸。

在烧瓶中模拟早期地球

你可以通过简单的操作还原生命形成的一个可能的阶段，至少对一个化学家来说是这样。你只需在烧瓶中装满甲烷、氨、氢和水蒸气的混合物（模拟地球早期大气），然后反复加热和通电（模拟火山和闪电）。

1953年，一位名叫斯坦利·米勒（Stanley Miller）的美国化学家就进行了这个实验。几天后，他发现烧瓶中的水变成了棕色。通过分析这些水，他发现了一系列复杂的有机分子，包括在蛋白质中的几种氨基酸。2008年，其他科学家用更先进的仪器检测了米勒实验中储存的样品，发现了更多种类的氨基酸。

目前，科学家普遍认为，早期地球大气中的二氧化碳含量可能远高于甲烷或氨的含量。当使用类似比例的气体混合物进行相同的实验时，形成的有机分子要少得多。尽管如此，米勒的实验仍值得我们称赞，因为他首次证明了：生物学上的重要分子可以从简单的气体混合物中自发产生。

氨基酸构成了蛋白质，而蛋白质是地球上所有生命的物质基础。生命是由蛋白质构成的，维系生命生存的一系列反应也离不开蛋白质。地球上所有生命形式包含成千上万种蛋白质，都是由 20 种不同的氨基酸组成的长链。

形成生命的下一项挑战是找到一种将氨基酸自然连接成长链的机制。今天，这项复杂的过程是在细胞内完成的，涉及许多不同的成分，基于细胞基因中编码的指令。如果没有这些必要条件，生命就无法合成蛋白质。此外，氨基酸不能简单地随机组合，它们必须以固定的顺序连接，才能产生具有固定特性的蛋白质。那么，在不具备这些条件的情况下，蛋白质又是怎么出现的呢？

核糖核酸和岩石

有一种理论认为，最早出现的生命基础物质不是蛋白质，而是一种叫作"RNA"（核糖核酸）的分子。这种分子与构成基因的 DNA 非常相似，和 DNA 一样，RNA 也是由被称为核苷酸的有机分子组成的（见第 6 章）。早期地球上很可能存在核苷酸，或者至少存在它们的组成部分。

相比于蛋白质，RNA 拥有许多优势。从理论上讲，RNA 包含了自我复制的指令（具体过程将在第 6 章详细解释），可以在某种程度上实现"繁殖"功能。更重要的是，科学家发现某些 RNA 分子可以执行一些蛋白质的功能，包括加速化学反应。

因此，也许 RNA 先出现，为早期生命的诞生打下了基础，创造了所谓的"RNA 世界"。随后，RNA 开始合成在之后的时间里占据主导地位的蛋白质。然而，从稳定反应到创造"RNA 世界"，是一种跨越式的进步。那么，究竟是什么促成了这样的进步呢？

答案可能很简单，就是"普通的"岩石。一些科学家认为，稳定反应的最终产物，可能包括几种核苷酸。这些核苷酸可能被冲刷到海岸边的岩石孔隙中，或海洋底部的热液喷口周围。在这些地方，分子更容易结合在一起形成更复杂的分子，也就是说，核苷酸有更大的可能性结合成 RNA。岩石的表面可以充当"模板"，排列各种分子并帮助它们以特定的方式连接在一起。岩石的孔隙甚至可能发挥细胞壁一样的作用，将分子集中在内部。相同的有机分子会被反复冲刷到岩石表面，重复经历这一过程。这些岩石就像一条条流水线，可以不断地产生相同的复杂分子。

这一过程可能在早期地球上重复了几千万年或几亿年，最终在机缘巧合之下形成了 RNA 分子（也可能是 RNA 分子的简化版）。然后，当这些分子与水中的脂肪泡结合，所有物种的祖先——露卡，就诞生了。

当然，这些都是推测。尽管科学家发表了一些实验数据来证明他们的理论，包括通过化学方法生产重要的生物分子，例如核糖（RNA 的重要组成部分）。他们还找到了可以复制其他 RNA 分子的 RNA，但要想找到从非生命到生命的合理演化路线，仍有很长的路要走。

"RNA 世界"假说也不是唯一的理论。一些科学家认为，与其寻找制造重要生命分子（例如 RNA）的非生物手段，不如将重点放在寻找稳定的反应体系上。在这种观点中，重要的不是参与反应的分子是什么，而是它们形成的稳定的反应网络。这些反应网络或许可以在岩石孔隙等地方持续存在。随着时间流逝，反应网络会变得更加复杂，最终形成生命。不过，根据这一理论，生命最初可能由完全不同的分子组成。

但幸运的是，一旦生命出现，就不会停下来。

地外生命

如果在太阳系的其他地方发现了生命，关于地球生命起源的研究将前进一大步。地外生命可以证明：只要条件适当，生命诞生几乎是必然的，而不仅仅是一种巧合。此外，地外生命还有助于揭示：形成生命是否总要用到相同元素（例如碳），还是其他元素也能成为生命的基础。

无论在小说还是现实中，火星一直都是寻找外星生命的热门地区。尽管现在的火星非常寒冷、干燥，但在遥远的过去（数十亿年前），火星要比现在温暖得多。此时，火星表面很可能存在形成生命的必要条件——液态水。即便在今天，液态水仍然可能存在于火星表面下，微生物可能在那里茁壮成长。

2018 年，一个天文学家研究小组宣布，根据轨道探测器的雷达读数，在火星表面下 1.5 千米处发现了一个 20 千米宽的液态水湖泊，地理位置十分靠近火星的南极冰盖。在地球上，南极洲地下也存在一个类似的湖泊——沃斯托克湖。它与世隔绝了几千万年，但根据科学家的调查，大量生命在沃斯托克湖内繁衍生息。

天文学家还发现了其他可能存在生命的星球，包括欧罗巴（木星的卫星）、土卫二（土星的卫星）、谷神星（小行星带的矮行星）以及冥王星。一些证据表明，它们可能都拥有巨大的、覆盖整个星球的液态地下海洋。星球内部的热量会加热这些海洋，让它们保持液态。

不过，天文学家目前只在土卫二上观测到了液态水的踪迹，液态水会从土卫二的表面喷射出来。美国航空航天局（NASA）的卡西尼号探测器在探索土星时观测到了这样的壮观景象。2008 年，卡西尼号探测器甚至经过了其中一个"喷泉"上方，收集了一些液体样本。分析后，科学家发现液体样本中含有有机分子（例如甲烷），将来极有可能诞生生命。

本章小结

- 可能在大约38亿年前，生命首次出现在地球上。
- 早期地球上可能存在大量的有机分子，它们来自彗星和陨石，或者是大气中和热液喷口周围发生的反应。
- 早期生命的基础可能是RNA，而不是蛋白质，甚至可能以完全不同的元素为基础（非碳基生命）。
- 岩石可能充当了模板或容器，"指导"稳定反应产生更复杂的分子。
- 太阳系中的一些天体可能含有大量液态水，具备孕育生命的基础条件。

拓展阅读

- Lane, Nick, *The Vital Question: Energy, evolution, and the origins of complex life* (London: W. W. Norton & Co., 2016).
- Pross, Addy, *What is Life? How chemistry becomes biology* (Oxford: Oxford University Press, 2016).

第 **5** 章

进化与灭绝

当第一个有生命的、具备繁殖能力的微生物出现在早期地球的海洋中时，自然选择和进化的过程，就已经开始了。

现在，一些科学家还认为，一种化学形式的"进化"甚至在生物出现之前就在发挥作用，最终导致了生命的出现。不过，这并不是我们平时所说的进化，只有在生命诞生后，真正进化才开始了。

在第 4 章中我们了解到，生命的一个重要特征是拥有繁殖能力。但是，复制一个生命体（比如微生物），要比复制一个简单的非生物结构（比如晶体）复杂得多。生物体的组成相当复杂，而晶体只是由微观物质按一定规则排列而成的。复杂性越高，复制过程中犯错的机会也就越大，但正是这样的错误（突变）推动了生命的进化过程。

突变带来好处

一般情况下，突变造成的改变微乎其微。以微生物为例，突变几乎不会明显地改变子代微生物的性状。但有时候，突变会导致子代与亲代略有不同。大多数情况下，这种差异对子代来说是有害的，可能导致它们快速死亡。但有时候，改变也会带来益处，让子代微生物拥有比周围的其他同类更大的生存优势。

因此，这种全新的、升级后的微生物能在资源竞争中轻松胜出，拥有更快的生长速度和更强的繁殖能力，同样的情况也会发生在它们的子代身上。升级后的微生物会不断挤占未升级同类的生存空间，直到最后，微生物种群中只剩下升级后的微生物。这一过程在每一代微生物身上重复发生，随着这种积累有益突变的过程不断进行，微生物最终完成进化。

这就是自然选择的进化过程。英国博物学家查尔斯·达尔文在 160 多年前就提出了这样的观点，认为"繁殖"是整个进化的关键。繁殖过程使得突变可能发生，也让任何有益的突变能在种群中传播——相比于普通同类，带有有益突变的个体可以更好地生存，繁育更多的后代。

查尔斯·达尔文
(Charles Darwin，1809—1882)

1859 年，查尔斯·达尔文的开创性著作《物种起源》出版。在这本书中，他首次提出了自然选择的进化理论。

这一理论源于达尔文多年来对多种生物的细致研究。不过，达尔文最重要的一段观察经历，可能是他在 1831—1836 年乘坐英国皇家海军贝格尔号（HMS Beagle）前往南美洲的旅程。在加拉帕戈斯群岛停留的时候，达尔文注意到一个不同寻常的现象：每个岛屿都有自己独有的动植物物种。

1838 年，达尔文创立了"自然选择学说"，但他并没有急于公开，而是选择进一步收集资料来进行验证。直到一位名叫阿尔弗雷德·拉塞尔·华莱士（Alfred Russell Wallace）的年轻博物学家在写给达尔文的信件中提到了类似的想法，达尔文才公开了自己的学说。此时距离达尔文创立自然选择学说，已经过去了近 20 年。

自然选择学说震惊了所有人。达尔文最先找到了一种关于地球生物多样性的合理解释，摒弃了造物主创造万物的古老说法。

环境的作用

另一个主要影响因素是环境，包括食物来源、竞争对手、捕食者、栖息地等。环境决定了哪些变化是有利的，哪些是不利的。有益变化可以提高个体在特定环境中的生存能力——它能获得更多食物，在与同类的竞争中获胜，灵巧地躲避捕食者以及更好地适应栖息地的自然条件。这些都使它能更好地繁殖下一代。

然而，特定环境中的有利变化，放到另一个环境中很可能是有害的。例如，对于生活在海底热液喷口附近的微生物来说，承受高温的能力非常有用，但对于生活在冰冻湖泊中的微生物来说，这种能力就没什么用了。

因此，在早期地球的海洋中，当第一批有生命的、能够繁殖的微生物出现时，进化就已经开始了。第一次重大的进化飞跃发生得非常快，一些微生物进化出了光合作用的能力。换句话说，在太阳能的驱动下，这些微生物能够吸收大气中丰富的二氧化碳，与水发生反应产生有机分子，特别是简单形式的糖。

蓝藻和光合作用

第一种能进行光合作用的生物被称为"蓝藻"（Cyanobacteria），今天我们仍能在一些水体中发现它们。蓝藻生命活动形成的叠层石，也是科学家找到的最早的生命痕迹之一（见第4章）。也就是说，光合作用和蓝藻可能最早出现在约35亿年前。

光合作用是一个重要的进步。微生物可以自行产生营养物质，不再依赖外部来源，这解除了许多限制。获得了光合作用的微生物能够长得更快、分布更广，最终遍布整个地球。

氧气含量上升

此外，光合作用微生物的出现还带来了另一个更重要的影响。和植物一样，蓝藻可以将二氧化碳中的碳和水中的氢合成为糖，但这一过程会产生大量蓝藻不需要的氧气。因此，这些氧气会被释放到大气中。

尽管一个蓝藻一生只能释放极少量的氧气，但无数的蓝藻在数百万年的时间里不断地产生氧气，最终改变了地球。这些氧气与岩石发生反应，溶解在海洋中，在大气中积累。35 亿年前，氧气只占地球大气的 0.1%；而 20 亿年前，氧气含量已经上升到了 3%（现在大气中的氧气含量约为 21%）。

随着氧气水平的上升，地球生命迎来了下一个重要的进化阶段。今天，地球上大多数生物都依赖氧气生存，但对于早期的生命来说，氧气相当于一种毒气，可能破坏它们的身体结构。于是，早期微生物只能演化出一系列新机制，来适应较高的氧气浓度。

其中一些微生物明显更"聪明"，它们选择利用氧气。氧气的性质非常活跃，能与大多数物质发生反应。因此，一些微生物开始利用氧气分解有机分子，从而释放更多能量，形成了最早的呼吸过程。

随后，一些微生物发现了一个安全的居所，它们安全地"寄宿"在较大同类的身体内。但令人意外的是，这些微生物和它们的"房东"最终融合成一个生命体，形成了更大、更复杂的微生物，也就是"真核生物"。从此刻开始，地球生命踏上了完全不同的演化道路。融合光合作用微生物的真核生物，演变成了原生植物（protophyte），也就是所有植物的祖先；而融合呼吸作用微生物的真核生物则演变成了原生动物（protozoan），也就是所有动物的祖先。

这一切都发生在约 20 亿年前，之后的演化过程一直比较平稳。直到大约 15 亿年前，生命才迎来下一次重要的进化阶段——真核生物演化出了有性生殖。

有性生殖

有性生殖可以带来很多好处（见第 8 章），其中之一是可以加速进化过程。有性生殖能结合父亲和母亲的遗传信息，产生与父母不同的个体（基因层面）。之前，无性生殖只能在随机发生的突变中筛选有利的部分，而有性生殖改变了这样的局面。

有性生殖提高了有益突变出现的可能性。事实上，有性生殖是一次至关重要的尝试，突破了生命进化历程中的重大障碍。

生命可能在 35 亿年前首次出现在地球上，但直到 10 亿年前，生命的形态仍没有多大变化，还是一些漂浮在海洋中的单细胞生物。

多细胞生物诞生

但在这个时候，单细胞真核生物开始聚集在一起，形成更大的群体和菌落。起初，群体中的真核生物都是一样的，但随后它们开始出现形态与功能的差异，分化成不同的种类。于是，在大约 7.5 亿年前，第一个真正的多细胞生物诞生了。

最先出现的多细胞生物是水母和海绵。在接下来的 2 亿年里，生命形态逐渐多样化，诞生了一些不同寻常的生物。在大约 5.5 亿年前，有壳和外骨骼的生物（如三叶虫）首次出现在海洋中（见图 5.1）。又经过大约 1 亿年，海洋中已经充斥着各式各样的生物，包括最早的鱼类。与此同时，植物也开始从海洋迁移到陆地，导致植物的数量大幅增加。

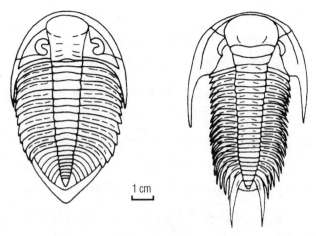

1 cm

图 5.1 三叶虫

随着可食用的植物占领陆地，动物也纷纷离开海洋。在大约 3.9 亿年前，蝎子最早出现在陆地上，然后是其他一些无脊椎动物，它们很快就进化成了昆虫。又过了大约 3000 万年，第一批鱼类用鳍笨拙地爬上陆地，进化出两栖动物，然后是爬行动物。

在大约 2.25 亿年前，一些爬行动物变得相当大，开启了持续 1.6 亿年的恐龙时代。大约 2 亿年前，世界上出现了第一批哺乳动物，而第一批开花植物出现在大约 7500 万年前。

大灭绝

进化过程会诞生新物种，自然也会淘汰一些生命，也就是所谓的"物种灭绝"。灭绝伴随着整个进化历程，栖息地变化或物种间竞争等都可能导致某一物种灭绝，即该物种的成员全部死亡。不过，偶尔也会出现大量不同物种在相对较短的时间内走向灭绝的情况，这类事件被称为大灭绝，历史上总共发生过 5 次。大灭绝的严重程度和原因各不相同，科学家至今还没有完全确定这 5 次大灭绝的起因，但可能与以下一种或多种因素有关：陨石或彗星撞击、持续数百万年的大型火山活动以及冰河期。

除了直接影响，火山活动和天体撞击还会广泛、持久地影响环境，危害生物生存。天体撞击会将大量烟尘抛入大气，遮挡阳光，杀死植被。而火山活动会释放大量二氧化碳，导致全球变暖，地球升温（见第 23 章）。最后，冰河期大气温度下降，大量海水冻结成冰导致海平面下降。

第三次和第五次大灭绝最出名。第三次大灭绝发生在大约 2.5 亿年前，规模极大，导致了约 90% 的生物死亡。上一次大灭绝发生在 6500 万年前，导致了恐龙的灭绝。

人类出现

然而，大灭绝并不总是一件坏事。大灭绝可以为新一轮的进化创造条件——原本的物种灭绝后，总会出现新物种占据它们的栖息地，取代它们在食物链中的位置。事实上，在大灭绝发生后的 5 万～ 10 万年，物种多样性通常能超越大灭绝发生前的水平。

举个离我们最近的例子，事实证明，恐龙灭绝成了哺乳动物的巨大机遇。哺乳动物拼尽全力，牢牢把握这次机会，散布到了世界上的每个角落。在这之后，哺乳动物不断进化，直到大约 20 万年前，现代人类出现了。

古老的化石

科学家利用化石提供的信息，拼凑出地球生命的演化历程。化石大都是岩石中留存的古生物遗体或活动痕迹。如果刚死的植物或动物被泥沙覆盖，就有可能形成化石。这些泥沙可以是水中的淤泥，也可以是陆地上的沙子或火山灰。

随着越来越多的物质覆盖在生物遗体上方，遗体周围的沉积物会被压缩，直到硬化成砂岩或石灰岩之类的沉积岩。肌肉这样的有机物质会迅速分解，只留下骨头、牙齿和外壳等部分。随后，生物遗体的剩余部分会逐渐被周围沉积岩中的矿物质渗入、取代。

尽管很难找到完整的恐龙骨架，但只要是有沉积岩的地方，找到一些较小的化石还是很容易的。例如，英国莱姆里杰斯（Lyme Regis）附近的多塞特（Dorset）海岸就是最早的化石发掘地之一，这里至今仍是寻找化石的好去处。

独一无二的地球

尽管科学家已经从化石证据中拼凑出了地球生命的绝大部分进化历程，但一些化石很难自然地融入其中，因为它们看起来完全不像其他任何生物。这些奇怪的化石大都来自某一历史阶段的早期，特别是埃迪卡拉纪（Ediacaran）和寒武纪（Cambrian）。

埃迪卡拉纪从 6.35 亿年前持续到 5.42 亿年前，最早的多细胞动物化石就诞生于这一时期。埃迪卡拉纪也被称为"埃迪卡拉花园"，是一段相对简单、平静的时光。因为当时的动物都是软体动物，它们很难移动，只能以微生物为食，不会捕食其他动物。埃迪卡拉纪之后是寒武纪，一直持续到 4.85 亿年前。在这一时期，动物演化出了用来攻击的爪子和牙齿，以及用来防御的壳和尖刺。此外，攻防一体的四肢和眼睛首次出现。

埃迪卡拉纪的动物外形都比较奇特，比如以下几种：帕文克尼亚虫（*Parvancorina*）看起来像覆盖着生物组织的船锚；狄更逊水母（*Dickinsonia*）看起来像浴室里的防滑垫；还有看起来像气垫船的金伯拉虫（*Kimberella*），或许可以在古代海底缓慢地爬行。

寒武纪的动物看起来更奇怪，拥有很多奇怪的构造。欧巴宾海蝎（*Opabinia*）有 5 只眼睛，扁平的叶状身体，扇形的尾巴和长条状的嘴。嘴的末端还带有爪子一样的结构，让人不由联想到科幻电影《异形》（*Alien*）中，异形从嘴里发射舌头的场景。怪诞虫（*Hallucigenia*）本质上是一种有腿的蠕虫，背部长有许多尖刺，头部附近有几根触手。

目前，科学家仍不确定这些怪异的动物是哪些现存动物的祖先。最新的观点是，怪诞虫是一种早期的节肢动物（包括昆虫和蜘蛛），或者是一种进化失败的产物。

本章小结

- 生命经历严酷的自然选择，不断进化。有益突变赋予一些生命体生存优势，让它们产下更多后代。因此，海洋中的简单微生物才能转变为今天地球上形态各异的生命。

- 地球经历了 5 次大灭绝，最近的一次大灭绝导致 6500 万年前恐龙从地球上消失。

- 在生命诞生之初的 25 亿年里，简单的微生物进化出了光合作用、呼吸作用和有性生殖，并在进化道路上分开 —— 成为动物和植物的祖先。

- 第一个多细胞生物出现在大约 7.5 亿年前，而生命最早从海洋迁移到陆地是在大约 4.2 亿年前。

- 现代人类最早出现在大约 20 万年前。

拓展阅读

- Brannen, Peter, *The Ends of the World: Volcanic apocalypses, lethal oceans and our quest to understand earth's past mass extinctions* (London: Oneworld Publications, 2018).

- Fortey, Richard, *Life: An unauthorised biography* (London: Flamingo, 1998).

Part Two

Way of All Flesh

第二部分

众生之路

第 **6** 章

生命的序列

科学技术的飞速发展偶尔会给科学家们带来这样的错觉：人类似乎已经完全掌握了某一领域的知识。但目前，这样的错觉已经彻底消失了。

20 世纪初发生在物理学领域的事件就是一则例证。那时，科学家们首次发现亚原子世界，他们意识到经典物理学无法解释亚原子世界的现象，于是人们就此开启了量子力学的大门（见第 25 章）。在 21 世纪早期，这种情况又再次出现在生物学领域。

构成生命的蛋白质

21 世纪早期，生物学家们开始探究 DNA 和蛋白质之间的关系。我们在第 4 章中了解到，蛋白质是地球上所有生命存在和运转的基础。

生命体中有上万种蛋白质。这些蛋白质（通常）是由 20 种不同的氨基酸组成的长链。最长的蛋白质分子链包含的氨基酸数量超过 20 000 个，而典型的蛋白质只包含几百个氨基酸。

氨基酸能够相互连接形成蛋白质，是因为它们的末端本质上是"有黏性"的。这种黏性来自一种化学键。相邻的氨基酸通过脱水缩合互相连接，形成了长长的分子链。

不仅相邻的氨基酸能够互相连接，部分氨基酸还可以通过其他化学键与链上不相邻的氨基酸连接起来。于是，线性伸展的长链被折叠或螺旋，像折纸一样形成了复杂的三维空间结构，也就是我们熟知的蛋白质。氨基酸的序列决定了蛋白质的结构，这一结构则决定了蛋白质的功能。

结构蛋白和功能蛋白

蛋白质基本上分为两类：结构蛋白和功能蛋白。顾名思义，结构蛋白用来构成生物材料，如肌肉、软骨和头发等；功能蛋白质则通过催化体内的新陈代谢反应来确保生命的正常运转。这种具有催化作用的蛋白质被称为酶，它们的独特结构决定了它们各异的功能。

蛋白质在细胞内合成，并主要在细胞内发挥作用。无论是对细菌这种单细胞微生物，还是对构成我们身体的数百万亿个细胞（见第 7 章）来说都是如此。为构建蛋白质提供指令的是我们的基因。如果说蛋白质是生命活动的主要承担者，那么基因可以说是生命的管理者。

DNA 分子

带有蛋白质编码的 DNA（脱氧核糖核酸）片段被称为基因，能够指导蛋白质的合成。DNA 是由脱氧核苷酸组成的大分子聚合物。每个脱氧核苷酸由三部分组成：脱氧核糖（失去了 1 个氧原子的单糖）、碱基和磷酸。

脱氧核糖和磷酸被称为 DNA 的"骨架"，它们负责为核苷酸碱基提供支持，并将众多的 DNA 分子连接成长链。核苷酸碱基是 DNA 分子中最重要的部分。碱基分为 4 种：腺嘌呤（A）、鸟嘌呤（G）、胞嘧啶（C）和胸腺嘧啶（T）。

就像氨基酸分子相互连接形成蛋白质一样，1 条 DNA 链也是由 4 个不同的核苷酸碱基以特定的序列连接在一起形成的。这种相似并非巧合，碱基的序列与蛋白质中氨基酸的序列直接相关。

这还不是 DNA 与蛋白质之间唯一的相似之处。就像不同的氨基酸之间可以形成化学键一样，核苷酸碱基之间也可以形成化学键。但特殊的是，腺嘌呤（A）只能与胸腺嘧啶（T）结合，鸟嘌呤（G）只能与胞嘧啶（C）结合。

因此，DNA 在细胞中不是单链，而是以双链形式存在的。其中核苷酸碱基总是以"互补配对"的方式排列（如图 6.1 所示）。

对应匹配的设定使 DNA 的双链结构十分稳定，还有利于 DNA 分子的自我复制。DNA 复制是指 DNA 双链在细胞分裂前进行的复制过程。如果复制过程正常，就会出现两条一样的双链，但如果复制过程中出现错误，则可能会出现突变，驱动物种的进化（见第 5 章）。英国分子生物学家弗朗西

DNA 是由重复的核苷酸单元组成的长链聚合物，每个核苷酸单元由碱基、脱氧核糖和磷酸三个部分组成。两条脱氧核苷酸链反向平行盘绕，通过碱基间的化学键形成的碱基配对，并互相连接。

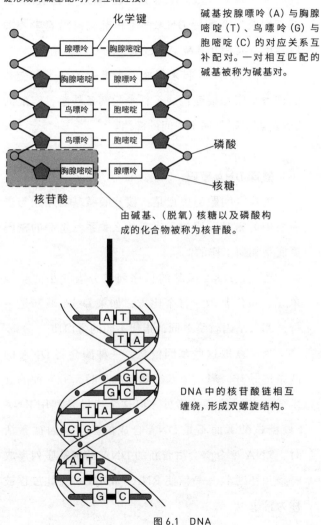

化学键

腺嘌呤 — 胸腺嘧啶

胸腺嘧啶 — 腺嘌呤

鸟嘌呤 — 胞嘧啶

鸟嘌呤 — 胞嘧啶

胸腺嘧啶 — 腺嘌呤

核苷酸

磷酸

核糖

碱基按腺嘌呤（A）与胸腺嘧啶（T）、鸟嘌呤（G）与胞嘧啶（C）的对应关系互补配对。一对相互匹配的碱基被称为碱基对。

由碱基、（脱氧）核糖以及磷酸构成的化合物被称为核苷酸。

A T

T A

G C

G C

T A

C G

A T

C G

G C

DNA 中的核苷酸链相互缠绕，形成双螺旋结构。

图 6.1　DNA

斯·克里克（Francis Crick）和美国生物化学家詹姆斯·沃森（James Watson）在 1953 年首次阐明，碱基的对应匹配使 DNA 两条核苷酸链沿着中心轴以相反方向相互缠绕，形成独特的双螺旋结构。

双链 DNA 看起来很像一个螺旋的梯子，交替的糖类基团和磷酸构成了梯子的两条扶手，匹配的 DNA 碱基则是梯子中间的横档。

破译 DNA 密码

现在，问题的焦点是：核苷酸碱基的序列与蛋白质中的氨基酸序列到底有什么关系？生命的密码到底是如何工作的？

首先，DNA 碱基的长序列被分为较小的功能单元，叫作基因。打个比方，如果 DNA 碱基是字母，那么基因就是单词，指代不同的蛋白质。

为了获取这些基因信息，一种酶会将 DNA 的两条链分开。当一个基因暴露出来时，另一种酶会生成该基因的互补拷贝，但这个拷贝是利用 RNA（核糖核酸）而不是 DNA 合成的。当基因被激活时，RNA 聚合酶会沿着新的 DNA 的碱基序列形成一条互补副本 —— 信使 RNA（mRNA）（此过程被称为转录）。

RNA 与 DNA 非常相似，但它以单链的形式存在，核糖部分比 DNA 的核糖多了一个氧原子。RNA 的碱基有尿嘧啶（U），没有胸腺嘧啶（T）。但信使 RNA 仍然遵循碱基互补配对的原则转录生成，因为腺嘌呤（A）和尿嘧啶（U）可以进行配对。

而后，信使 RNA 离开细胞核，进入细胞质，并被核糖体所捕获。核糖体与 mRNA 结合，并读取 mRNA 的序列。

核糖体每次阅读 3 个碱基（被称为密码子），每 3 个碱基对应一个特定的氨基酸。比如，序列 CAA

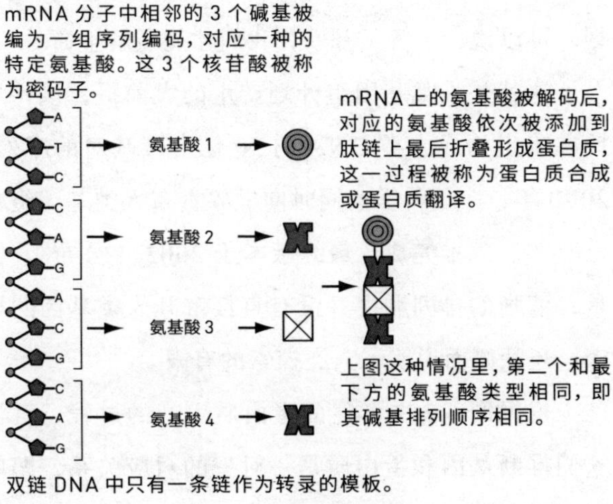
mRNA 分子中相邻的 3 个碱基被编为一组序列编码，对应一种的特定氨基酸。这 3 个核苷酸被称为密码子。
A
T
C
C
A
G
A
C
G
C
A
G
氨基酸 1
氨基酸 2
氨基酸 3
氨基酸 4
mRNA 上的氨基酸被解码后，对应的氨基酸依次被添加到肽链上最后折叠形成蛋白质，这一过程被称为蛋白质合成或蛋白质翻译。
上图这种情况里，第二个和最下方的氨基酸类型相同，即其碱基排列顺序相同。
双链 DNA 中只有一条链作为转录的模板。

图 6.2　蛋白质的合成

对应于缬氨酸，序列 UCG 对应于丝氨酸。当核糖体沿着 mRNA 读取每个密码子时，对应的氨基酸依次被添加到肽链上，随后，肽链会折叠为一定空间结构，形成蛋白质。（见图 6.2）。

人类基因组计划

你是不是也觉得基因非常神奇？基因为制造蛋白质提供指令，RNA 将这些指令传递到合成蛋白质的场所中。虽然蛋白质是生命活动的主要承担者，但基因才是发号施令的那一个。正是基因决定了我们是谁、长什么样。基因包含着构建生命的总体规划。可以说，了解了基因，我们才能了解生命。

这就是人类基因组计划产生的大前提，该计划旨在确定构成人类 DNA 的 30 亿个碱基对的序列。2000 年，多国科学家同时向世界宣布人类基因组工作草图已基本完成（最终版本于 2003 年公布）。但是，清晰的排列顺序并没有直接解开人类基因的秘密，还从侧面说明了人类探索的有限。

根据图 6.2 中详述的蛋白质生产的过程，科学家们推断基因和蛋白质是一对一的对应关系，即单个基因为单个蛋白质编码。因此，许多科学家估计，人类共有大约 10 万个基因。然而，事实上，人类的基因仅有 2 万多个。

外显子和内含子

目前，科学家们已经知道一个基因可以为多种蛋白质编码。因为基因实际上是由 DNA 的编码区（称为外显子）和非编码区（称为内含子）共同组成的。刚从 DNA 上转录下来的 RNA，与细胞质中的 mRNA 不同，它还包含有外显子和内含子。同样包含外显子和内含子。但其中的内含子很快会被相应的酶剪切，并将外显子重新拼接起来，形成成熟的信使 RNA 链。

因为酶能够以不同的顺序将外显子拼接在一起，改变 mRNA 上碱基的排列顺序，所以能使同一基因产生多种蛋白质。我们再用字母和单词来类比一下，就像几个零散的字母可以组合形成多个不同的单词。

最初，科学家们只是知道在转录过程中会出现这种情况，但并没有意识到这一情况如此普遍。如今看来，超过半数的人类基因在转录时都会出现可变剪接。

基因调控

上述几个小节中，我们了解到了典型的基因表达过程。比基因表达更高一级的细胞活动是基因表达调控。生物的遗传机制似乎比我们想象的更加灵活，因为细胞的 DNA 不是一个静态的信息库，根据时间和空间条件的变化，基因表达的状态也存在不同。也就是说，基因的开放和关闭，控制着蛋白质的生成。当外部条件发生变化（如营养物质供应减少时），生物体会改变自身基因表达的状况以适应环境的改变。起初，科学家们知道这种情况的存在——这也是一个基因组可以产生许多不同类型的细胞的原因（见第 7 章），但并没有意识到它是如此灵活。

科学家们还发现，不起眼的 RNA 很有可能是基因宝座背后的真正力量。长期以来，有一个问题一直困扰着科学家：为什么人类基因组中只有大约 3% 可以编码蛋白质，而其他 97% 则是毫无用处的"垃圾 DNA"？

科学家们一度认为垃圾 DNA 是人类在进化过程中历代积累起来的，但越来越多的研究表明，大部分垃圾 DNA 并非真的"垃圾"。虽然不编码蛋白质，但部分垃圾 DNA 可以转录成为非编码的

RNA，起到基因开关的重要作用。2012 年，DNA 元件百科全书计划（ENCODE）的研究人员表示，人类基因组中 80% 的序列是具有功能的，其中超过 70% 的序列都用以产生非编码 RNA。

　　科学家们针对基因的研究又一次印证了朴素的哲理：重要的不是你得到了什么，而是你如何使用它。

表观遗传学

　　生物体的遗传机制相当灵活，可以调整执行相应功能蛋白质的种类和数量，以适应外部环境的变化。更令科学家惊讶的是，这样的改变可以世代相传。这意味着，你父母和祖父母的成长经历可以直接影响你的健康、成长和行为。

　　19 世纪初，博物学家让-巴蒂斯特·拉马克（Jean-Baptiste Lamarck）提出了一种演化理论，即物种演化源于父母的经历和行为。这一观点在诞生之初引起了许多科学家的反感。根据这一理论，长颈鹿拥有长脖子是因为一代又一代的长颈鹿都在不断地伸长脖子去够高处的树叶。然而，查尔斯·达尔文的自然选择理论和基因的发现彻底推翻了这一观点。按照达尔文的进化论，长颈鹿的脖子长是因为脖子长的长颈鹿比脖子短的长颈鹿繁殖了更多后代。尽管拉马克因此背负了大量骂名，但近些年来，被称为"表观遗传学"的理论使拉马克的"用进废退"论再次受到关注。

根据目前的研究，基因仍然是传递可遗传性状的唯一手段。但事实证明，由于受到个人特定经历的影响，部分基因调控表达出的性状也可以传递给后代。生活经历改变基因表达的一种方式是通过对基因组的化学修饰，即特定的分子与基因结合，控制其开放或关闭。现在看来，这种修饰模式可以传递至卵子和精子，从而传给一个人的后代，甚至是他们后代的后代。

在过去的几年里，科学家们发现了一些支撑该论点的证据。其一是，如果一个人在年轻时经历过饥荒，那么他们的子女与孙辈的寿命会受到影响。另一个例子是，处在压力环境中的老鼠所生育的后代，即使没有处在压力环境中，也会保持焦虑。最后一个例子是，如果老鼠在孕期接触到尼古丁，它们生育的后代会及其后代的后代的肺部会出现异常，即使这些后代从未接触过任何尼古丁。

桑格测序法

人类只是众多被测序的动植物中的一员。其他被测序的物种有黑猩猩、狗和玉米等。尽管这些生物各不相同，但它们的基因都是由相同的四种核苷酸组成的，因此可以用相同的方式进行基因测序。

20 世纪 70 年代，英国化学家弗雷德里克·桑格（Fred Sanger）开发了一种十分巧妙的基因测序技术。这种技术需要多次复制现有 DNA 序列，但每次都随机在特定碱基处终止复制过程，并且在该碱基处进行荧光标记，四种碱基分别标记四种不同的荧光物质，根据碱基的不同，可以发出不同的颜色。

多次标记后，我们就会得到长短不一的 DNA 片段，每个连续的片段都比前一个片段长一个碱基。然后，你需要做的就是按长度分离这些片段，这可以通过在凝胶中筛分它们来完成，并记录每个片段末端的荧光标签所发出的颜色。通过这种方式，你可以获得原始链的序列（见图 6.3）。

多年来，技术的进步使得桑格测序技术的测序速度大大加快，同时也涌现出不少的新的更快更具有竞争力的基因测序技术，它们甚至能够在不到一个小时的

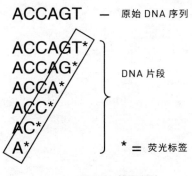

图 6.3 基因序列

时间内完成一个基因组的测序。如离子激流测序，它通过检测特定的碱基被合成到 DNA 链时所释放的氢离子来获得序列信息氢离子。还有如纳米孔测序技术，通过让 DNA 链穿过膜上的纳米孔来读取碱基信息。

本章小结

- 蛋白质（通常）是由 20 种不同的氨基酸组成的长链。

- 一个 DNA 分子包含四个不同的核苷酸碱基：腺嘌呤（A）、鸟嘌呤（G）、胞嘧啶（C）和胸腺嘧啶（T）。

- 在细胞中，DNA 以双链盘绕的形式存在，其中核苷酸碱基按照"互补配对"的原则排列。

- 基因中的核苷酸碱基序列与蛋白质中的氨基酸序列有关。

- 人类基因组中只有大约 3% 的基因可以编码为蛋白质，而绝大部分（超过 70%）负责产生非编码 RNA。

拓展阅读

- Carey, Nessa, *Junk DNA: A journey through the dark matter of the genome* (London: Icon Books Ltd, 2015).

- Rutherford, Adam, *A Brief History of Everyone Who Ever Lived: The stories in our genes* (London: Weidenfeld & Nicolson, 2017).

第**7**章

自下而上

现在，我们知道了基因为蛋白质合成提供指令，但这又是如何创造独特的生命体的呢？基因怎么知道应该如何创造不同的组织与器官？它如何确保我们与地球上其他 70 亿人不同？并确保人类有异于与其他数百万种物种的呢？

基因组

正如人类有自己的基因组（包括所有的蛋白质编码基因和相关的遗传机制），地球上的动植物也同样有着自己专属的基因组。这些基因组都是不同的，这就是人类、小鼠和橡树的外观与行为存在差异的原因。此外，所有有性繁殖的物种（包括大多数植物和动物），几乎每个个体都拥有自己独特的基因组。

无性繁殖的生物（如细菌），产生的后代是自己的克隆体，也就是说，其子代的遗传物质与亲代完全相同（在此不讨论基因突变的情况）。有时，有性繁殖的物种可以产生具有相同基因组的后代（人类中的同卵双胞胎就是如此）。但通常来说，由两性生殖细胞结合发育而来的新个体，都拥有独一无二的基因组。

基因组变异

不同物种之间的基因组差异比同一物种成员的基因组之间的差异更大。平均而言，不同人的基因组差异程度只有 0.5% 左右（人类基因组计划对一个来自几个不同人的合并基因组进行了测序）。这些差异主要集中在基因内单个核苷酸碱基的变异上——一个人可能有鸟嘌呤，而另一个人则有胸腺嘧啶。这些变化被称为单核苷酸多态性（single nucleotide polymorphism，SNP）。

不同物种的基因组之间的差异更大，差异的程度一般反映了物种之间的相似程度。人类和黑猩猩的基因差异仅有 1.2%，与小鼠的基因差异则约有 15%。

当然，考虑到人与小鼠的不同，15% 的差异程度并不算大。基因本身与维持该个体的生命有关，而不是指区分不同物种。想想看，小鼠和人类一样需要许多相同的蛋白质。不同物种间基因组的微小差异逐渐使我们意识到，重要的不是我们拥有的特定基因，而是我们如何使用它们。

这些差异带来的另一个启示是，单个生物体的所有细胞都具有相同的基因组。这就是我们可以研究某个个体的基因组的前提。这个基因组虽然位于身体内的每一个细胞中，但每个细胞的基因组都是相同的。每个人实际上都有自己专属的基因组。

染色体数目的不同

在真核细胞中，基因组位于一个被膜包围的细胞器内，这个细胞器被称为细胞核。基因组是由成对的 DNA 分子组成的长链聚合物（人类基因组由30 亿对碱基组成，如果将它们拉直，其长度有 2 米左右），基因组被分成了几个长的片段，紧密缠绕在被称为组蛋白的蛋白质上，形成多条染色体。

不同物种的染色体数量存在差异。物种的染色体数量反映了其细胞核中 DNA 的数量。一般来说，"复杂"的物种比"简单"的物种有更多的染色体。但也有例外，小鼠拥有 20 对染色体，人类有 23 对，但豚鼠却有 32 对染色体。这再次证明了重要的不是我们所拥有的特定基因，而是我们如何使用它们。

成对的染色体

在真核细胞中，基因位于染色体上。染色体又是成对存在的，分别来自不同的亲本。

成对染色体上的大多数基因都是相同的，或者说就应该是相同的。事实上，拥有成对的染色体对抵御遗传缺陷有着重要的意义。在许多情况下，一条染色体上存在基因缺陷，是不会影响另一条的正常工作的。只有当两条染色体上的基因都有缺陷时，生物体的机体才会出现问题。

比如镰状细胞性贫血病，这是一种遗传性红

细胞疾病。在患病后，红血细胞发生了变形，降低了其携带氧气的能力。镰状细胞贫血症是由编码血红蛋白的基因突变引起的疾病，当两条染色体上的基因同时存在这个缺陷时，才能完全表现出这种疾病。如果只有一条染色体的基因存在缺陷，那么这个人通常会保持健康。令人意外的是，携带一条有缺陷基因的染色体的个体对疟疾具有高度的防御性。

显性和隐性等位基因

一对同源染色体相同位置上控制同一性状不同形态的基因被称为等位基因（一般来说，一个 SNP 位点有两种等位基因）。其中表达性状的被称为显性基因，另一个不表达性状的则是隐性基因。

格雷戈尔·孟德尔
(Gregor Mendel, 1822—1884)

"一个生物体的性状是以离散的遗传单位（后来被称为基因）的形式传递给其后代的，每一个单位在个体基因组中的行动都是独立，而不是全部混合在一起的。"这个概念是由一个不起眼的德国修士提出的。一开始，没有人意识到他的发现意味着什么，包括他本人——格雷戈尔·孟德尔。

19世纪五六十年代，孟德尔在修道院的花园里培育了各种不同性状的豌豆。他在种植中发现，一种作物的部分性状会以某种比例出现。例如，当他用绿豌豆与黄豌豆进行杂交，那么所有的杂交后代都会是黄色的。但如果他用两种黄豌豆的后代杂交，那么培育出的后代中只有四分之三是黄色的，剩下的四分之一则是绿色的。

我们现在明白，造成这种情况的原因是在这一品种的豌豆基因中，控制作物变黄的等位基因是显性的，而控制其变绿的基因是隐性的，只有当一个豌豆拥有两个绿色等位基因时才会表达出绿色。但当时的科学界没有对孟德尔的研究予以重视。当科学家们意识到孟德尔的发现的意义时，他已经去世了。

人类的大多数特征（或性状）都是由多个基因相互作用决定的，但也有少数性状仅与某个特定的基因有关，该基因可以作为两个或多个等位基因存在。比如人是否拥有耳垂（有耳垂为显性，无耳垂为隐性）。

细胞如何工作

到目前为止，你应该已经明白了不同的基因组是如何将人类与小鼠区分开来，又是如何将我和你区分开的。但单一的、独特的基因组竟然可以产生个体需要的所有细胞、组织和器官，构成一个多细胞生物体的身体，它到底是如何做到的？要回答这个问题，我们还需要进一步探索细胞。

真核细胞的"大脑"是含有基因的细胞核。但就像我们除了大脑以外还需要心脏、肺、皮肤和其他各种器官来维持生命一样，细胞也需要一大批其他的细胞器来维持自己的运作。这些细胞器被安置在细胞质里，细胞质是细胞质膜包围的除核区外的一切半透明、胶状、颗粒状物质的总称。它占据了细胞的大部分体积。

内质网是细胞内重要的细胞器，它形成了一系列的通道，使得蛋白质和其他生物分子能够在细胞内运输流动。内质网分为两种类型：粗面内质网和光面内质网。粗面内质网有核糖体颗粒附着，主要负责合成、加工及转运蛋白质。光面内质网主要参与脂类合成与运输。

高尔基体也是真核细胞中的一种细胞器，负责加工、储存和运输蛋白质和其他生物分子，然后分别将其送到细胞特定的位置或分泌到细胞外，也就是要穿过细胞的边界——细胞膜。

细胞膜由双层脂质分子组成，其中嵌入了作为进出细胞门户的蛋白质。细菌和植物细胞还有一个外部细胞壁，增加厚度和保护效果。

溶酶体是单层膜围绕、内含多种酸性水解酶类的囊泡状细胞器。溶酶体可以将进入细胞的营养物质分解为生物大分子，然后将其进一步分解、释放能量（见下文）或用作其他生物分子的构件。细胞骨架使细胞维持基本形态，这是一个类似脚手架的纤维网络。

最后，还有重要的线粒体。线粒体利用氧气来分解简单的糖类（如葡萄糖），为细胞和生命活动提供能量，并产生二氧化碳作为废物。我们身体内的所有细胞都依赖线粒体产生的能量，这也是人类需要吸入氧气、呼出二氧化碳的原因。

氧气和二氧化碳

许多植物细胞还含有另一个重要的细胞器——叶绿素，主要负责进行光合作用。在可见光的照射下，叶绿素将进入叶片内部的二氧化碳和水转化为葡萄糖等简单的糖类，同时释放出氧气。这样的模式使地球上的生命形成了一个巨大的、相互促进的循环，动物细胞需要植物产生的糖与氧气，而植物细胞的发育则依靠动物产生的二氧化碳。

人体中不同类型的细胞

我们现在已经了解了一个普通细胞的基本构成，但实际上并没有所谓的"普通细胞"。人体由大约220种不同类型的细胞组成，它们在大小、形状和功能上都有着很大差异。

一些细胞，如唾液腺中的细胞，拥有丰富的粗面内质网，会产生大量的蛋白质和酶，并将其分泌到细胞外。而构成心脏的肌肉细胞中则含有大量线粒体，因为心脏的运转需要大量的能量。脂肪细胞里有大量富含脂肪的小泡（脂质体），富含光面内质网。

像红细胞这样的细胞甚至没有细胞核。有的细胞所包含的分子是独一无二的（在身体的任何其他细胞中都不存在），例如视网膜细胞中的色素上皮细胞。

即使人体中的细胞之间有如此大的差异，但所有细胞都含有完全相同的基因组。从理论上来说，一个心脏细胞可以变成一个视网膜细胞。不同的细胞或同一细胞的不同发育阶段，细胞表达了特定的基因，因而产生了特定的蛋白质，从而导致了细胞在形态、结构和功能上的差异。每个细胞都含有色素上皮细胞，但它只在视网膜细胞中表达。

但是，也有一些细胞只含有半套染色体。要谈论这个话题，我们不如先暂停一下，去把灯光调暗，播放一些浪漫的音乐，点上香薰蜡烛，因为我们接下来要讨论的话题是——性与繁殖。

当显微镜升级

凭借显微镜，我们才得以了解生物体内的细胞和各种细胞器。在显微镜的帮助下，科学家们在 300 年间逐渐构建了一幅详细的细胞生命图景。随着显微镜技术的发展，这幅图景中的细节变得越来越充实，科学家们所感知到的细胞特征变得更小也更加准确。

但是光学显微镜的分辨率存在天花板，分辨率的进一步提高绕不开的障碍是"衍射极限"。由于光波在足够小的范围内倾向于相互干扰，因此当两个物点的距离小于或接近 250 纳米（1 纳米等于十亿分之一米）时，其特征就不能被解析，而脂质囊泡和构成细胞骨架的微管就是如此。虽然电子显微镜可以克服这一困难，但电子显微镜是把可见光替换成了电子束，这样一来，样品就只能放在真空中，所以它并不适用于观察生物样品，尤其是活体样品。

在过去的 20 年间，科学家们开发了一套技术来突破衍射极限，承担这些技术的设备被统称为超分辨率显微镜，其开发者在 2014 年获得了诺贝尔化学奖。这些技术有若干种不同的工作方式，但它们都应用了荧光显微镜的原理。荧光显微镜利用不同波长的光（常常为紫外线）照射样品，通过样品发出的荧光对其进行观察。这样观察到的样品就像覆盖了许多小灯泡一样。

在传统的荧光显微镜中，样品上的荧光染料会同时发光，所以距离过近（小于或接近 250 纳米）的样品的特征仍然无法分辨。但是科学家们通过巧妙地控制这种荧光——通常通过依次标记目标分子，让显微镜每次只观察目标分子的状态，最后利用特定成像技术将多幅图像叠加合成，形成一幅超分辨图像。超分辨率显微镜就这样分辨出了两个距离小于 50 纳米的细胞的特征。

本章小结

- 地球上每一种植物和动物都有自己的基因组，几乎每一个有性繁殖的物种成员都有自己独特的基因组。

- 构成单个生物体的所有细胞都具有完全相同的基因组，但不同的细胞在基因表达上会有差异。

- 在真核细胞中，基因位于染色体上。染色体又是成对存在的，分别来自不同的亲本。

- 真核细胞的细胞核由核膜包被，细胞器包括细胞核、内质网、高尔基体和线粒体等。

- 人体由大约220种不同类型的细胞组成，它们在大小、形状和功能上有很大差异。

拓展阅读

- Arney, Kat, *Herding Hemingway's Cats: Understanding how our genes work* (London: Bloomsbury Sigma, 2017).

- Wolpert, Lewis, *How We Live and Why We Die: The secret life of cells* (London: Faber & Faber, 2010).

第 **8** 章

性与繁殖

在探讨性与繁殖之前，我们首先要区分一下这两个概念。我们在第四章中了解到，繁殖是生命的决定性特征之一。但并非所有生物体都是有性繁殖的方式繁衍的。为了厘清这二者之间的差异，我们需要从细胞层面入手。

细胞繁殖和有丝分裂

在许多情况下，一个单细胞要进行增殖（无论是构成我们身体的细胞，还是一个单细胞生物体），都只是简单地将自身分裂为两个，创造一个自身的备份。对真核细胞而言，这一过程被称为有丝分裂。细菌通过类似过程进行的分裂，被称为二分裂。

相邻两次有丝分裂的间期，是细胞在为了进行分裂做准备的阶段。细胞要在细胞核中完成遗传物质（主要是 DNA）的复制。DNA 的双螺旋结构为实现这一步骤提供了便利（见第 6 章）。对人体内的细胞来说，也就是复制 46 条染色体。

染色体

在 DNA 复制结束后，每对染色体包含一对相同的备份，被称为姊妹染色单体。两条姊妹染色单体之间由染色体上的着丝粒相互连接。

当细胞开始分裂时，46 对姐妹染色单体被一种称为纺锤丝的微管牵引并拖到细胞的两极。然后，细胞在其两半之间形成一层膜并进行分裂。一个细胞变成了两个，每个细胞都含有一套完整的 46 条染色体。

减数分裂

在地球生命出现头的 20 亿年里，唯一的繁殖就是有丝分裂。大约 15 亿年前，一些真核细胞"想出"了替代方法——它们没有分裂成 2 个，而是分裂成了 4 个，而这 4 个细胞的染色体数目只有母细胞的一半，所以我们称之为减数分裂（见图 8.1）。

这之所以可行是因为真核细胞内的染色体是成对的，分别来自不同的亲本。所以人体细胞中的 46 条染色体实际上是 23 对染色体（见第 7 章）。

与有丝分裂一样，进行减数分裂的细胞首先复制其细胞核中的 DNA。如此一来，每条染色体就变成了两条相同的染色体。在一个人类细胞中，共有 23 对染色体，每条染色体现在由两条相同的姐妹染色单体组成，总共产生 92 条染色单体（$23 \times 2 \times 2$）。

然而，这时的情况有了一些改变。染色单体的相对位置之间发生了片段互换，这一过程被称为"交换"，交换使染色体之间的基因产生重组，形成 92 条全新的染色单体，每条染色体都含有独特的基因组合。

随后，这 23 对染色体开始分离，每一对的两条染色单体都被拉到细胞的两极，分裂为两个细

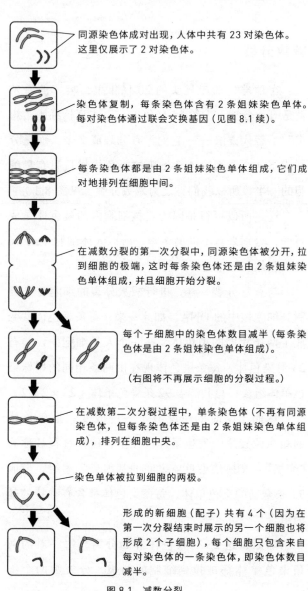

同源染色体成对出现，人体中共有 23 对染色体。这里仅展示了 2 对染色体。

染色体复制，每条染色体含有 2 条姐妹染色单体。每对染色体通过联会交换基因（见图 8.1 续）。

每条染色体都是由 2 条姐妹染色单体组成，它们成对地排列在细胞中间。

在减数分裂的第一次分裂中，同源染色体被分开，拉到细胞的极端，这时每条染色体还是由 2 条姐妹染色单体组成，并且细胞开始分裂。

每个子细胞中的染色体数目减半（每条染色体是由 2 条姐妹染色单体组成）。

（右图将不再展示细胞的分裂过程。）

在减数第二次分裂过程中，单条染色体（不再有同源染色体，但每条染色体还是由 2 条姐妹染色单体组成），排列在细胞中央。

染色单体被拉到细胞的两极。

形成的新细胞（配子）共有 4 个（因为在第一次分裂结束时展示的另一个细胞也将形成 2 个子细胞），每个细胞只包含来自每对染色体的一条染色体，即染色体数目减半。

图 8.1 减数分裂

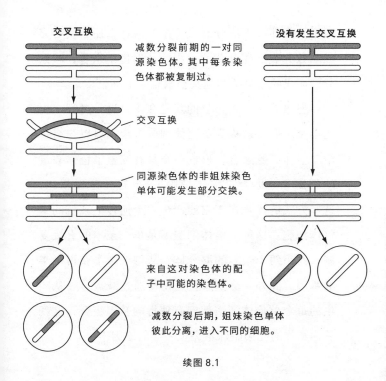

交叉互换　　　　　　　　　　　　　　　　　　　**没有发生交叉互换**

减数分裂前期的一对同源染色体。其中每条染色体都被复制过。

交叉互换

同源染色体的非姐妹染色单体可能发生部分交换。

来自这对染色体的配子中可能的染色体。

减数分裂后期，姐妹染色单体彼此分离，进入不同的细胞。

续图 8.1

胞。现在，每个子细胞又会再次经历有丝分裂的过程：构成每条染色体的两个染色单体被拉开，拖到每个细胞的两极，再次进行分裂。通过这种方式，1个细胞变成了4个。每个子细胞的染色体数目只有母细胞的一半。

看到这里，你可能会问自己，减数分裂的意义何在？如果一个细胞可以通过有丝分裂反复分裂成两个，为什么不能分裂成 4 个？为什么还要费心完成减数分裂这样复杂的过程？从遗传学来看，减数分裂而成的每个子细胞甚至只是半个细胞。

想想看，减数分裂的意义在于，这一过程产生的半个细胞（被称为单倍体细胞）现在可以与另一个单倍体细胞融合，形成一个具有完整染色体数量的细胞（被称为二倍体细胞）。与有丝分裂相比，这一方式的优势在于它能产生一个遗传上独特的二倍体细胞。这种二倍体细胞不是单一亲本的直接复制，而是两个亲本的混合体，从每个亲本获得一半的基因。此外，交换过程还使得通过减数分裂从产生的每个单倍体细胞都拥有独特的基因组合，这就是你和你的兄弟姐妹不完全一样的原因。

受精

到目前为止，我们知道了有性繁殖是两个不同的单倍体细胞结合的过程，这一过程被称为受精。受精是如何发生的呢？这是一个至关重要的问题，进化论的研究提供了许多不同的答案。

在远古时期的海洋中，第一批真核细胞或许在发生减数分裂之前就发生了性行为。这种情况至今仍出现在某些单细胞生物身上。然而，海洋中多细胞生物的出现改变了这一过程：减数分裂只在某些特定的细胞内发生，所以减数分裂需要在发生两性性行为之前完成。

雌雄配子的结合

此外，单倍体细胞分化为两种类型：由雄性产生的单倍体细胞和由雌性产生的单倍体细胞。只有雄性和雌性单倍体细胞（也称为配子），才可以相互结合。对动物来说，这些配子被称为精子或卵子，对于植物来说，它们则是花粉（雄性）和配子体或胚囊（雌性）。

早期的海洋生物可能采取了一种非常原始的繁殖策略——将精子或卵子释放到水中，而精子和卵子能否结合只能听天由命了。直到今天，一些海洋生物（如海胆）还在沿用这种策略。

显然，这种方法充满了不确定性：你不知道自己的配子是否已经成功地与你所属物种中其他成员的配子结合了。选择恰当的时机或许可以降低这一方法的不确定性。例如，当贻贝和牡蛎发现水中有异性的配子时才会释放精子或卵子。

还有一种方法：如果雄性直接将精子释放到雌

性已经产下的卵子上，也能提高成功的可能性。这就是许多鱼类和两栖动物采取的策略。雄性鱼类只是在卵子上释放精子。但其他生物，比如雄性螃蟹会产生特殊的精荚，雌性螃蟹会在精荚上摩擦产下卵使其受精。

体内受精

除了体外受精，生物还可以采用体内受精的方式进行繁殖。体内受精是指精卵结合的过程发生在（通常为雌性）生物体体内。这一策略的成功率是相当高的。所以有很多海洋生物（比如章鱼和海豚）都选择采用这种方式进行繁殖。动物的配子只有悬浮在液体中时才能结合，因此体内受精是不生活在大型水体中或附近的生物唯一可选的受精方式。

动物的变态行为

性对于大部分动物而言，好像都没有那么重要。毕竟比起享受性，吃饭和避免被吃掉才是最重要的事。但实际情况并非总是如此。有些动物，如雄性象海豹，在交配季节几乎会完全停止进食。另一些动物，如蜘蛛和螳螂，在交配期间、交配后，甚至偶尔在交配前都有被配偶吃掉的风险（雄性螳螂被雌性螳螂咬掉头部后仍能进行交配）。

物种的进化会提高性的优先级，使这一过程变得愉快。许多动物都会享受一些非生殖性的性行为。例如，许多灵长类动物（不分性别）都有自慰的现象，猩猩还会用树叶和树枝来刺激自己。

但动物王国中最极端的性冒险者一定是海豚。雄性瓶鼻海豚几乎会与任何会动的东西发生性关系，包括海龟、鲨鱼和鳗鱼。亚马孙白海豚甚至会互相插入对方的气孔。

许多无脊椎动物还利用精荚发展出了另一种体内受精的形式。例如，雄性蝎子将含有精子的精荚斜插在地面上，当雌性蝎子到达合适的位置时，精荚的上半部分会插入雌性蝎子的生殖腔。随后，精荚会自动脱落，精子和卵子在雌性蝎子体内结合，完成受精。

有些蜘蛛也采取了类似的交配策略，雄蛛将精子滴入一张小网，然后虹吸精子到头部两侧的须肢中储存起来。找到合适的交配对象时，雄蛛会将须肢插入雌蛛体内，注入精子。

但这可能是一项高危活动。因为雄蛛的体型通常比雌蛛小得多，而雌性蜘蛛会吃掉任何离它过近的东西。为了保住性命，雄蛛采取了各种各样的办法。很多雄蛛都会用"礼物"分散雌蛛的注意力，比如用网裹住食物等，赠送"礼物"的同时插入须肢，注入精子。雄性苍蝇也会面临这样的困境，而它们的方法更具想象力：给雌性带"玩具"供其玩耍。

也许最安全的受精方法，也是人类最熟悉的方法，就是雄性将精子直接送入雌性体内。通常是依靠雄性的阴茎（用于转移精子的附属物）进入雌性的生殖口内完成的。

不过，受精方式当然并不是千篇一律的。想想看，除了天鹅、鸭子和鸵鸟，大多数雄性鸟类根本没有阴茎，雄鸟和雌鸟通过短暂摩擦泄殖腔进行交配。某些生物中的雄性确实有用于转移精子的附属物，但并不费心地将它们插入雌性的特殊开口。例如，海盗虫的阴茎进化得像一根皮下注射针。繁殖季节，雄性海盗虫会将自己的阴茎直接插入雌性的体壁。更有一些奇异的受精方式，比如雄性纸鹦鹉螺章鱼（章鱼的远亲）会将阴茎发射到雌性体内，就像发射导弹那样。

进化的超级武器

这样看来，无性繁殖要简单得多，哪怕对多细胞动物来说也是如此。既然如此，为什么生物要费尽心思进行有性繁殖呢？像花园蜗牛这类雌雄同体的生物，能够同时产生精子和卵子，它们能使自己的卵子受精。但是，雌雄同体的生物也只是在不得已的情况下才进行自我受精，它们更倾向进行有性繁殖。

地球上大多数生物都选择这种"更麻烦的"繁殖方式，这是因为性是物种进化的超级动力。虽然有性繁殖不能产生新的基因（只有突变才能做到这一点），但它可以不断地将这些基因混合，产生新的组合。这些新的组合可以导致不同的基因表达模式和不同的性状出现，其中有一部分变化对生物体是有益的。

可以说有性繁殖为物种提供了一种快速应对环境变化的方式。这对于物种抵御疾病和寄生虫来说意义非凡。如果一个物种的所有成员的基因都是独一无二的，那么致病病原体要想消灭一个种群的难度就变大了。种群中或多或少有一部分成员具有自然免疫的基因组合。同样的道理，致病病原体要想消灭一个基因相同的种群，则是轻而易举的。

对于一个物种整体而言，有性繁殖能够丰富基因多样性，更能进一步保护物种的生存与发展。

交配的时长

交配的时间长度在不同的物种之间有很大的不同。例如，竹节虫一次性生活的时长可达数周，雌性竹节虫需要背着不断发情的雄性到处跑。幸运的是，一只成年雄性竹节虫只有雌性的一半大小。

但这样的亲密并不是来自激情，而是来自嫉妒。竹节虫没有忠诚这样的道德观念，刚刚交配完的雌虫会很快再次交配，以保证成功繁衍自己的后代。而雄性竹节虫为了守护自己的交配权，才选择和雌虫形影不离，让其他雄性的求偶难以得逞。

滥交的物种通常喜欢长时间的交配，更长的交配时间增加了雌性为雄性繁衍后代的可能性。在狗、黑猩猩、老鼠和海象等滥交的哺乳动物中，这样的习性似乎导致其阴茎骨的进化。

两位英国人类学家在 2016 年的一项研究中发现，较长的阴茎骨与频繁的滥交现象更容易出现在那些喜欢长时间做爱的哺乳动物身上。这些特征与现象还与有明确交配季节的哺乳动物有关，这时雄性之间对交配权的竞争特别激烈，长时间的交配过程可能使自身更具竞争力。

本章小结

- 有丝分裂后产生 2 个子细胞，减数分裂完成后产生 4 个子细胞。

- 一个二倍体细胞包含完整的成对染色体，而一个单倍体细胞只包含一个染色体组。

- 父母双方的单倍体细胞结合，能够产生一个遗传概念上独特的二倍体细胞。

- 雌性和雄性的单倍体细胞被称为配子。在动物中，这些配子被称为精子和卵子。

- 有性繁殖为一个物种提供了一种快速应对环境变化的方式，对于抵御疾病和寄生虫尤为重要。

拓展阅读

- Cooke, Lucy, *The Unexpected Truth about Animals: Stoned sloths, lovelorn hippos and other wild tales* (London: Black Swan, 2018).

- Judson, Olivia, *Dr Tatiana's Sex Advice to All Creation: The definitive guide to the evolutionary biology of sex* (London: Vintage, 2003).

第 **9** 章

加强防卫

回想一下你上一次患感冒或轻度流感的症状。一开始，你只是咳嗽了几声或者打了几个喷嚏，没想到很快开始感到疲惫和发热，你开始觉得脑袋和肌肉疼痛，而且喉咙好像也有点疼。于是，你上床睡觉，除了睡觉之外几乎不做任何事情。几天之后，你开始感觉好些了。自从你出现第一个症状到现在，过去了一周，你终于痊愈了。

恭喜你，你刚刚从一场感染中幸存了下来。造成这场感染的病毒包括人鼻病毒和冠状病毒（普通感冒）以及同名的流感病毒。你之所以能够存活下来，要归功于你的免疫系统，它成功地应对并击败了病毒入侵者。

说起来，你感染病毒时产生的不适症状基本都是由你的免疫系统而不是入侵者造成的。这就是你要为生存付出的代价。

主要的入侵者

在大多数情况下，人鼻病毒、冠状病毒和流感病毒不会给你的免疫系统带来太多麻烦，你只需要在床上躺几天，情况就会有所好转。但这些病毒只是冰山一角。你的身体不断受到各种入侵者的困扰，包括其他病毒、细菌、真菌、原虫和寄生虫等，你的免疫系统必须抵抗这些不怀好意的入侵者。

但为什么免疫系统总是要做出如此激烈的反应，让人出现明显的不适症状呢？如果它"放平心态"，会发生什么？

病原体之所以想进入我们体内，是因为我们的身体对它们而言是一个用来繁殖的好地方。但它们的繁殖通常会损害我们身体的细胞和组织。

病毒

病毒，只不过是装在蛋白质外壳里的 DNA 或 RNA 的集合，只能在细胞内寄生并以复制的方式增殖。一旦繁殖完毕，病毒就会将宿主细胞裂解，来到细胞外并继续寻找新的宿主细胞。更重要的是，病毒会使被感染的细胞与周围的其他细胞融合，甚至可能会发展为癌细胞。除了会导致感冒和流感，病毒还是引起麻疹、水痘和艾滋病等疾病的原因。

细菌

"懂事的"细菌可以自行繁殖，但有些细菌有一个糟糕的习惯——释放一系列对我们的身体细胞有毒的化合物，其中大部分都是它们的代谢物，包括抑制蛋白质合成的细胞毒素和破坏细胞膜的穿孔素。细菌还要对许多食源性疾病负责，如沙门氏菌和李斯特菌感染。它甚至还会导致肺结核和霍乱。

不过除了这些致病细菌，也有大量对人体相当友好的有益细菌。

细菌中也有我们的朋友

在大多数人看来，细菌会导致疾病，我们对抗生素和洗手液的需求就证明了这一点。但是，细菌其实没有我们想象的那么糟糕。在我们体内，细菌的数量远超人体细胞总数，它们在维持人体的正常运作中扮演了极其重要的角色。

细菌几乎栖息在我们身体的每一处——从皮肤、口腔到肠道都有它们的身影。仅我们肠道里的细菌就多达 100 万亿个，是人体细胞总数的三倍之多。这些细菌和人体保持着良好的合作关系，它们帮助我们消化食物、训练免疫系统，尽力保持我们身体的健康。肠道内菌群失衡与多种疾病息息相关，如肥胖症、糖尿病、心脏病、哮喘、自闭症甚至抑郁症等。

但如此重要的肠道菌群并不是人与生俱来的。生命之初的胎儿是真正无菌的个体，新生儿在通过产道时，母亲产道内的细菌会转移到婴儿身上并开始繁殖。新生儿还会从母亲的皮肤和乳汁中获得更多的细菌（乳汁中不仅含有大量的有益细菌，还含有促进其生长的营养物质）。随着婴儿开始与周围环境互动并开始吃固体食物，他们体内的菌群也开始壮大自己的队伍。

接触大量细菌有利于训练我们的免疫系统区分益生菌和致病菌。人类是食谱极广的杂食动物，所以我们的肠道面临着巨大的压力，而丰富的菌群则是我们肠道的得力助手。除了促进消化吸收，肠道中稳定、多样的菌群黏附在肠壁上，还能避免肠壁与有害物质直接接触、抵御致病菌（如导致严重腹泻的艰难梭菌）的入侵。事实上，治疗顽固性艰难梭菌感染的一种有效方法是粪菌移植，将健康者粪便中的有益菌群移植到患者胃肠道内，重建新的肠道菌群。

原虫

原虫是单细胞真核动物。有些原虫可以寄生在人体管腔、体液、组织或细胞内，部分可导致人体组织损伤和细胞死亡。阿米巴痢疾和疟疾等疾病就与感染原虫有关。

如果我们的免疫系统真的"放平心态"，这些入侵者会迅速在我们体内繁殖，最终威胁我们的健康和生命。当免疫系统没能成功抵御这些入侵时，也会发生同样的情况，除非现代药物提供帮助。这就是为什么我们的免疫系统总是保持警惕，并"大惊小怪"地迅速消灭任何进入我们体内的不明的外来生物。

病从口入

入侵者要想进入我们体内，这远非易事。人体的第一道防线是皮肤，皮肤由许多平坦、紧密的细胞层组成，是一道难以攻克的屏障。

因此入侵者往往想要绕过皮肤这道屏障，直接通过身体上的其他入口进入我们体内——通常是我们的嘴或鼻子。入侵者可能存在于空气或者我们的食物中，通过呼吸和进食等行为被带入我们体内。

血液凝固

然而，这种方式并不是万无一失的。因为我们的鼻腔和咽喉黏膜能分泌化合物，以杀灭大量外来病原体，尤其是细菌。这些化合物包括溶菌酶和转铁蛋白，前者可以破坏细菌的细胞壁的酶，后者通过阻止细菌捕获铁离子，来抑制细菌的生长（铁对于细菌的生长繁殖至关重要）。胃酸是一种强酸，可以杀死许多随食物进入体内的入侵者。

皮肤屏障的破损处，如伤口，也是入侵者进入人体的选择之一。为了防止这种情况发生，我们的血液会在破损处迅速凝结，形成一个血痂，作为补充的物理屏障，防止病原体入侵和人体失血过多。

血小板是从巨核细胞胞浆裂解脱落下来的小块胞质。人体皮肤受损后，血小板受到刺激会在破损处聚集，形成血小板凝块，起到止血效果。接着，在血小板产生的凝血酶的作用下，邻近血浆中的纤维蛋白原会变为纤维蛋白。交织的纤维蛋白网又使血小板凝块与血细胞缠结成血凝块，在破损处形成血痂。

先天免疫系统

然而，我们都知道，即使是一个非常小的伤口，完成止血的过程也要花上好几分钟。在这段时间内，细菌等病原体还是很容易进入我们的身体。

所以一旦检测到皮肤（机体的第一道防线）屏障受损，第二道防线也就是我们的先天免疫系统就会立刻发起第一波攻势。

破损皮肤区域的肥大细胞由于自身受损或对其他细胞受损的碎片作出反应，释放出一系列化学物质。这些化学物质可以激活并吸引先天免疫系统细胞，比如中性粒细胞和巨噬细胞等。

通常情况下，这些免疫细胞被统称为白细胞（与携带氧气的红细胞相对），它们在血液中巡逻并寻找病原体。充当哨兵的肥大细胞在发现病原体后会释放组胺。组胺可以增加血管壁的通透性，以协调中性粒细胞和巨噬细胞到达感染部位，尽快清理进入体内的入侵者。

模式识别受体

先天免疫系统能够起效，要归功于我们身体里被统称为模式识别受体（PRRs）的化合物。部分模式识别受体独立存在于血液和组织中，其他 PRRs 则位于细胞表面。PRRs 能够识别病原体相关分子模式，并与细菌表面的特征分子以及病毒的 DNA 或 RNA 相结合。其中一种模式识别受体可以与相应配体结合，激活天然免疫，使中性粒细胞和巨噬细胞及时做出免疫应答。

在与 PRRs 结合的入侵者相遇时，中性粒细胞和巨噬细胞会将其吞噬，并在溶酶体中消化它们（见第 7 章）。如果你曾经看过电影《变形怪体》（ *The Blob* ），那么你或许可以想象这幅场景。此外，它们还会分泌蛋白水解酶来消化和清除细胞碎片。

它们（中性粒细胞和巨噬细胞）也会释放细胞致热因子，提高身体的温度，这有助于抑制细菌的生长，并使我们感到困倦，以保存能量来对抗感染。

先天免疫系统的反应很快且具有稳定性，但没有特异的选择性。大量的中性粒细胞和巨噬细胞会迅速赶到任何可能的感染现场，释放出高浓度的消化酶，吞噬任何看起来可疑的细胞，阻止它们在机体内扩散。在这一过程中，免疫细胞有时也会"敌我不分"，将一些健康的细胞也吞噬掉。事实上，免疫细胞的大量涌入，加上由此产生的液体和死亡细胞的堆积，会引起皮肤破损处的炎症反应。

适应性免疫系统

但如果先天免疫系统相当于重炮，那么下一波——适应性免疫系统——就是战术打击力量。

适应性免疫系统的精锐部队是被称为淋巴细胞的白细胞，它们在中性粒细胞和巨噬细胞之后到达感染现场。淋巴细胞的战术精确性极高，因为每个淋巴细胞的表面都有一类独特的抗原受体，只对一种特定分子作出反应。

这种受体的产生与巧妙的遗传机制相关，受体的基因由大量相关基因片段随机组合而成。因此，每个淋巴细胞都有不同的组合，产生独特的受体。生物学家估计，一名普通成年人体内的淋巴细胞可能能够识别多达 10 亿个不同的外来分子。

像中性粒细胞和巨噬细胞一样，淋巴细胞也会寻找入侵者。淋巴细胞通过寻找与自己受体匹配的入侵者（通常来自细菌细胞壁或病毒衣壳的蛋白质，被称为抗原），并与其结合。抗原与抗体结合后，会迅速被体内的吞噬细胞吞噬。

淋巴系统可以自主检测到身体内的抗原，其他免疫细胞也会向淋巴细胞递呈抗原。当特定的淋巴细胞检测到抗原时，它就会迅速增殖。增殖过程中，抗原受体的特异性不会发生变化，但它们成熟后的功能并不相同。

B淋巴细胞被激活后会发生分裂和分化，克隆出大量B细胞，它们可以与相应抗原进行结合。就像PRRs一样，B淋巴细胞与抗原结合后也会被中性粒细胞和巨噬细胞消耗。T淋巴细胞的一个亚种——细胞毒性T细胞，在接触到对应抗原后，会直接攻击外来和受感染的细胞的细胞壁和细胞膜。它所释放的颗粒酶和穿孔素，会诱发目标细胞凋亡。

在增殖分化阶段，会产生两类细胞：效应细胞和记忆细胞。上文中提到的即时对入侵者作出反应的细胞为效应细胞。小部分的记忆细胞的寿命更长，当再次遇到该抗原时能迅速转化增殖形成大量效应细胞，使机体长期保持对该抗原的免疫力。

爱德华·詹纳
(Edward Jenner，1749—1823)

疫苗发挥作用的原理也和记忆淋巴细胞相关。注射疫苗就是将来自特定入侵者的抗原（例如从病毒衣壳或细菌细胞壁中提取的蛋白质）注射进人体，刺激免疫应答，这一过程不会导致接种者感染。

接种疫苗可使机体产生大量针对特定抗原的记忆细胞和对应抗体。当机体遭到这种抗原的侵袭时，提前做好准备的抗体就可以在入侵者造成破坏之前将其击败。也就是说，疫苗本质上是一种引导免疫系统对抗特定疾病的方法。

18世纪末期，英国医生爱德华·詹纳成功完成了世界上最早的疫苗实验。在当时的欧洲大陆上，一种被称为天花的传染性病毒正在肆虐。詹纳无意中发现感染了牛痘的挤奶女工不会感染天花，于是他推测牛痘病毒可以预防天花。因此，他将牛痘丘疹中的脓液注射到一个叫詹姆斯·菲普斯（James Phipps）的小男孩的胳膊上。在男孩从牛痘中康复后，詹尼又在他的手臂上接种了天花病毒，结果男孩没有被天花病毒感染。

历史证明，詹纳发明的疫苗成功挽救了许多人的生命。

二级淋巴器官

当入侵者通过其他入口进入我们的身体时，我们的免疫系统同样也会出现反应。但身体对这种攻击模式的敏锐程度就相对较低了。想想看，当皮肤被割伤后，我们的身体会立即处于防御状态，避免病原体的入侵，但如果入侵者通过口腔进入，情况就会有所不同了。因此，身体采用了另一套策略来应对这种较为隐蔽的入侵者——体内出现的任何可疑的抗原都会被迅速带到附近的"检测点"。这些"检测点"是我们的二级淋巴器官，也被称作周围淋巴器官，包括脾脏、扁桃体、阑尾和淋巴结等。

所以当我们刚刚感冒时，身体出现体温升高、流鼻涕、喉咙痛和关节疼痛等症状，是因为先天性免疫系统"敌我不分"，不具备特异的选择性，引发了炎症。几天后，适应性免疫系统开始清除体内的入侵者，而先天性的反应则逐渐消失。因此，我们会觉得症状减轻、病情有所缓解。

记忆细胞能够快速识别和处理曾经遇到的所有入侵者，以便再次遭受同一入侵者的侵袭时产生快速反应，及时清理掉入侵者。正是因为免疫系统对入侵者的强硬态度，才使得我们机体能够正常运转。

免疫系统也会失败

人体的免疫系统是强大的，但并不是无懈可击的。人们死于传染病的事件从古至今常有发生。年龄增长和不合理的饮食都会削弱免疫系统的作用，使得感染的概率增大。

在某些情况下，入侵者会进化出特殊的策略，以突破免疫系统的防线。例如，某些细菌（如导致结核病和军团病的细菌），能够在中性粒细胞和巨噬细胞的"扫荡"中存活下来。因为它们拥有厚厚的、抗酶的外被或荚膜，或者有办法阻止自己进入溶酶体。

这样一来，免疫系统会出现判断失误，将无害分子判定为危险的抗原。如果该无害分子是在体外产生的（如花粉或食物颗粒），那么身体就会出现过敏反应，如花粉症。如果无害分子是由身体自身的细胞产生的，则会引发自身免疫性疾病，如湿疹或糖尿病等。

在发达国家，过敏和自身免疫性疾病正变得越来越普遍。有学者推测，这可能是现代人对卫生和清洁的痴迷，导致我们的免疫系统没有接触到足够多的入侵者，它们可能会因此攻击错误的目标。

本章小结

- 我们的免疫系统保护我们免受各种病原体的感染，包括病毒、细菌和原虫等。

- 大多数细菌不会导致疾病：我们肠道中的 100 万亿个"有益细菌"帮助我们消化食物、训练免疫系统，以保持我们身体的健康。

- 体内出现的任何可疑的抗原都会被迅速带到附近的"检测点"。这些"检测点"是我们的二级淋巴器官，包括脾脏、扁桃体、阑尾和淋巴结等。

- 人体的第二道防线是我们的先天免疫系统。先天免疫系统包含各种类型的淋巴细胞、肥大细胞、中性粒细胞和巨噬细胞。

拓展阅读

- Crawford, Dorothy H., *Deadly Companions: How microbes shaped our history* (Oxford: Oxford University Press, 2018).

- Davis, Daniel M., *The Beautiful Cure: The new science of human health* (London: Vintage, 2019).

- Yong, Ed, *I Contain Multitudes: The microbes within us and a grander view of life* (London: Vintage, 2017).

第 **10** 章

进击的神经

你此刻正在愉快地阅读这一页，与此同时，你还能喝茶或喝酒，或者吃饼干，也许还在听音乐。这一切对你来说都行云流水，似乎不需要什么刻意的努力。

但此时此刻，你的大脑和神经系统正在负重前行。你的眼睛在浏览这一页，同时找出构成字形的无数明暗对比；你的手小心翼翼地伸出来，拿起玻璃杯、马克杯或饼干，并把它送到你的嘴边；你的鼻子和舌头正在记录构成葡萄酒、茶或饼干的复杂的化学物质混合物；你的耳朵还在对不断变化的声波流作出反应。

所有这些物理感觉都被输入大脑，大脑利用它们来构建你对外部世界的感知。它将明暗之间的对比转化为字符，然后将这些字符构建为可理解的词和句子。它将你舌头和鼻子中的感受器检测到的化学物质转化为诱人的芳香和味道，并将声波流转化为悦耳的旋律。我们的大脑同时处理着多项任务，在一段时间内持续运转，但你却不必付出有意识的努力，这也太神奇了！

神经元

更神奇的是，这一壮举要归功于一个简单细胞的活动，或者更准确地说，要归功于构成我们大脑的1000亿个神经元。实际上，这1000亿个神经细胞之间的大约100万亿个连接，是我们奇妙的感觉和认知能力（包括意识）的基础。

然而，奇妙的神经元看起来却不怎么讨喜。它看上去像是细长的树或是某种奇怪的外星生物（见图 10.1）。神经元细胞分为胞体和突起两部分。胞体包含细胞核和其他常规细胞器。从胞体延伸出来的突起被称为树突，每个树突可以分成许多分支。胞体的底部还延伸出一个更长的突起，称为轴突，在其远端形成一个或多个分支，每一个分支中最终都会形成一个高尔夫球杆底部的结构——轴突终端。

图 10.1　神经元
图片版权 ©sgame

　　除了典型的形象，神经元还存在大量的变式。大脑中大部分神经元都是非常小的，但从脊髓底部到脚部肌肉的单个神经元却很大。形形色色的神经元有许多不同之处。

根据胞体上延伸出的神经突起（树突和轴突）的数量，神经元被分为以下 3 种：最常见的典型神经元有 3 个或 3 个以上突起，被称为多极性神经元。胞体两侧共有两个突起的被称为双极神经元。只有1 个神经突起（树突和轴突合并在一起）位于胞体一侧的则是单极神经元。

平均而言，典型神经元与其他神经细胞之间有1000 个连接，但部分神经元的连接数量更多。例如，位于小脑的浦肯野细胞的神经元共有大约 20万个连接。虽然存在差异，但所有神经元都共享一个特征：至少拥有一个树突和一个轴突（即使它们有时是合并的）。

神经元之间的连接

我们刚刚知道了神经细胞之间存在大量的连接，它们到底是如何相互连接起来的？轴突终端会与一个或多个其他神经元的树突相连，形成突触。但在大多数情况下，树突和轴突之间并没有直接接触，二者之间还有一定距离，被称为"突触间隙"。

但是两个神经元都没有实际接触，又是怎样做到相互连接的？这是因为神经元产生了电信号。神经元携带的电信号，就像计算机这样的电子设备中的电线和电路一样。只不过在电子设备中，电信号是由电子组成的，而在神经元中，它则是由离子组成的（见第 2 章）。

阴离子和阳离子

带正电的阳离子和带负电的阴离子遍布人体，甚至包括细胞内外。然而，在每个神经元周围，阴离子和阳离子的数量都是不平衡的。神经元内部的阴离子越多，外部的阳离子就越多。因此，每个神经元的内部都带负电。这是因为神经元主动将钠离子排出细胞膜，并通过关闭膜孔来阻止钠离子返回。

当神经元想要产生一个信号（动作电位）时，它会打开膜孔，让钠离子涌入细胞，细胞因此带上正电。这种开关并不是同时发生在整个神经元，而是发生在神经元的一个特定部分。但是，一个部分从负电到正电的转变打开了下一个部分的孔隙，因此动作电位沿着神经元从树突传到下一部分的轴突。

动作电位过后，孔隙再次关闭，神经元将钠离子泵出，为下一个动作电位做准备。这整个过程非常迅速，平均每个神经元每秒能传递约 200 个动作电位。

神经递质

当动作电位到达轴突终端时，神经递质分子就从突触囊泡释放到突触间隙。这种化学信号被称为神经递质。人类神经细胞会利用超过 50 种不同的神经递质，包括多巴胺等小分子和胰岛素等小肽。

这些神经递质通过突触囊泡扩散，刺激邻近神经元树突上的受体，根据神经递质和受体的性质产生两种效果之一：兴奋或抑制。

一个神经元无时无刻不在接收无数其他神经元的信号。其中一些是兴奋性的，一些是抑制性的。只有当兴奋性信号超过抑制性信号时，动作电位才会沿着神经元传递到轴突。

此外，神经元之间可以形成许多不同种类的连接。例如，轴突终端不只是与树突连接，还可以与细胞体、轴突等连接。通过多样的连接方式，神经元可以精准控制彼此的活动。

人类的大脑就像是由互相作用的神经元编织的一张复杂的网，科学家们离完全理解这个网络还有很长的路要走。

感觉感受器

如果神经元只顾着相互传递动作电位，那么这些动作电位是如何开始的呢？一旦我们开始追溯，就会发现动作电位的起点在感受器上。比如，我们眼睛中检测光线的视锥细胞和视杆细胞、内耳里检测声波的细毛、舌头的味觉感受器和鼻中的嗅觉感受器以及我们皮肤的各种疼痛、温度和压力感受器，等等。

所有这些感受器都与神经元相连，当它们检测到光、声音或特定的化学物质时，就会刺激该神经元发出动作电位。借由复杂的神经元网络，这些电信号最终会传入大脑。

视觉的工作原理

每个视杆细胞和视锥细胞都与一种被称为视网膜神经节细胞的神经元相连。人眼中大约有 1.26 亿个视锥细胞和视杆细胞，但只有 100 万个神经节细胞。视锥细胞对于强光和颜色具有高度分辨力，特别适应明亮而充满色彩的白天。视杆细胞是感受弱光刺激的细胞，对光线强弱反应敏感，在接近黑暗的条件下拥有最佳功能。视锥细胞和视杆细胞共同组成了光感受器。每个神经节细胞接收来自一组视杆细胞和视锥细胞的神经冲动。随后，来自神经节细胞的神经冲动离开眼睛，通过视神经到达下一个中继点。最终，视神经把眼睛外面的视觉信息传递到大脑。

每一组中的视杆细胞和视锥细胞都聚集在一小块区域"列队"，也就是说，每个神经节细胞都能整合来自视网膜上一个非常小的斑片的反应。因为这些感受野的相互重叠，我们眼睛对光强度的变化才能有最大的反应。

这些视网膜神经节细胞的轴突链接在一起形成视神经。视神经由视交叉、视束入脑，最终到达一个被称为视皮层的区域，特别是 V1 区域。在这里，由 100 万个神经节细胞产生的神经冲动开始被处理。

因为神经节细胞的感受野对光强度的变化反应最灵敏（光强度变化通常应对于识别边缘与轮廓，如这些字词和白色页面之间的轮廓），视皮层的 V1 包含的神经元以所有可能角度的边缘作出集体反应。因此，在第一级处理中，大脑识别了信号中存在的所有边缘。

视觉皮层的其他区域对信号的其他特征作出反应。例如，V3 对深度作出反应，V4 对颜色作出反应，V5 对运动作出反应。因此，来自神经节细胞的信号被依次传递到视觉皮层的不同区域，每个区域对不同特征作出反应。

从不幸中学习

多年来，科学家们采用了许多方法来研究人脑的工作原理。过去，科学家们往往直接用电刺激大脑的不同部分并观察其影响。如今，科学家们更倾向于使用非侵入性技术，如正电子发射断层扫描（PET）。通过这一技术，我们可以直观地看到大脑在思考、说词等认知活动时的变化。这一技术在临床医学上也有极其重要的作用。

另一种方法是研究因事故或疾病而造成的局部脑损伤的影响。这有助于揭示大脑在不同区域处理同一感觉的不同方面，如视觉图像，对这些不同区域的损害会产生不同的效果。

例如，对视觉皮层的一个特定区域的损害导致人们失去识别物体的能力，包括真实的和绘制的物体。对另一个区域的损害导致人们失去检测运动的能力。因此，这类病人认为从烧杯中倒出的液体会在半空中冻结，另一个区域的损伤会导致人们无法将手伸向目标物体，也无法将目标物体拿起。

被困我们的感官中

大脑中的神经元将来自神经节细胞的 100 万个不同的动作电位转化为连贯的视觉图像。从身体其他部位的感受器传来的信号也会发生类似的过程。

诚然这一过程十分震撼，但也有令人不安的一面。因为这意味着我们感知到的周围世界实际上是大脑的一个构造。我们就像被困在了感官之中，无法直接感知世界，只能依赖大脑为我们提供准确的表征。

几千年来，最优秀的哲学头脑一直在思考自我认知与现实的关系。这也是 1999 年科幻电影《黑客帝国》中的一个基本情节，主人公发现他的正常生活是一种幻觉，实际上他只是机器人为了把人类当成提供能量的"电池"，"培养"在灌满营养液的玻璃池子里的胚胎成人，生存在"母体"创建的虚拟现实之中。

被阿尔茨海默病夺走生命的人

阿尔茨海默病是一种毁灭性的疾病，一旦患上这种病，所有被认为是理所当然的认知能力都被无情夺走了——从记忆到理解，从语言到意识——患者最终会在这种情况下走向死亡。阿尔茨海默病的特征是神经元细胞骨架破坏，其具体标志是大脑中基于蛋白质的斑块和缠结，斑块由一种叫作β-淀粉样蛋白的蛋白质组成，而缠结则由一种叫作tau的蛋白质组成。

对于这些斑块和缠结的形成原因和在疾病中的承

担的作用，科学家目前的了解还较少。它们是通过杀死神经元而导致疾病，还是仅仅是其后果？

什么因素引发了这种疾病我们也还不得而知。尽管一些（在较为年轻时发病的）患者受到遗传因素的影响，但它同时也与病毒、细菌和真菌感染、头部受伤、吸烟和污染等多种因素有关。更令人担忧的是，可能有许多不同的方式来触发神经元的大规模破坏。

这些悬而未决的问题阻碍了阿尔茨海默病的治疗进展。目前的药物只能暂时减缓疾病的发展速度，或对部分症状进行治疗，但无法根治。一旦疾病开始杀死大量的神经元，再高明的医术都无力回天了。

本章小结

- 人类大脑包含 1000 亿个神经元，它们之间的连接多达 100 万亿个。

- 神经元由胞体和突起（树突和轴突）两部分组成，典型的多极神经元具有多个树突和一个轴突，这些突起是从中延伸出来的。

- 神经元通过树突和轴突之间被称为突触间隙相互连接。

- 当一个动作电位的信号沿神经元移动时，它刺激轴突向突触释放神经递质。

- 通过处理从身体周围的感觉感受器传递来的信号，我们的大脑构建了我们所感知的世界。

拓展阅读

- Eagleman, David, *The Brain: The story of you* (Edinburgh: Canongate Books, 2016).

- Ingram, Jay, *The End of Memory: A natural history of aging and Alzheimer's* (London: Rider, 2016).

Part Three

Earth, Wind and Fire

第三部分

地球，风和火

第 **11** 章

我们脚下的星球

对于个体生命不过数十年的人类来说，地球上的岩石、山脉和陆地仿佛是相对静止的。相对于那些不断出现又消失的生命，它们更像是舞台深处的背景板。但对我们脚下的这颗星球来说，岩石、山脉和陆地其实是相当活泼的。

地球表面的大陆板块周期性地进行"碰碰车"游戏。它们时而接二连三地撞向对方，时而又大路朝天，各走一边。板块间强而有力的碰撞会挤出许多山脉，而在风和雨水日复一日的侵蚀下，这些山脉又终会消失，像从未出现过那样。气候的变化会把荒凉的地球变成冰雪覆盖的"雪球"。就连我们熟知的磁场极点的位置都不是固定的。这样精彩的变化从这颗星球诞生伊始，就一直在发生。

在第3章最后，我们来到了大约45亿年前，那时太阳周围的气体分子和尘埃粒子融合形成了若干颗岩石大小的物体，随着更多物质的加入，其中一个物体就成为我们今天的地球。这一聚合的过程相当暴力——幼年的地球接连不断地被不同体量的岩石袭击，有的岩石的大小甚至相当于一颗小行星。猛烈的撞击产生了大量热能，这些能量又将地球变成了一颗巨大的熔火球。

地球的基本结构

上述过程带来的结果之一是：地球内的大部分铁与周围的硅酸盐分离，由于在熔融状态下，铁的密度高于硅酸盐，因此铁慢慢下沉，形成了地球的内核。与此同时，地球的表面逐渐冷却，外层熔融的硅酸盐形成了坚固的地壳。

可以说，地球从诞生之初，其结构就几乎没有发生改变（见图 11.1）。这个层状结构的最深处是地球的内核，是一块直径约 2400 千米的固态铁，内核的温度高达 5500 摄氏度。包裹着内核的是厚约 2300 千米的外核，这里的铁呈液态，温度高达 4000 ～ 5000 摄氏度。

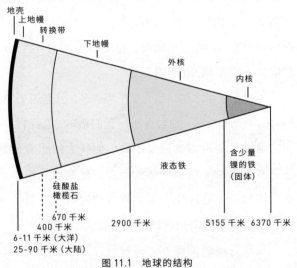

图 11.1 地球的结构

虽然内核的温度已经远远高出了铁的热熔点，但巨大的压力使铁仍保持着固态。事实上，铁以若干种不同的形态存在。在地核中，占比最高的成分可能是铁，大约占80%。除了铁，应该还有5%～10%的镍、7%的硅和4%的氧以及2%的硫。

地球的外壳

包裹着地核的结构被称为地幔，厚度约有2900千米。由于岩石中放射性元素的衰变所产生的能量，地球内部的温度随着深度而增加。地核附近的温度高达3700摄氏度，而靠近地幔的区域的温度仅为500摄氏度左右。地幔之上就是我们和其他生命体居住的地方——地壳。地壳的表面并不平坦，厚度从6千米到90千米不等。

不过在形成之初，地壳要平坦得多，且普遍更厚。那时的地壳中只有一种岩石——我们熟知的玄武岩。

地幔中的岩石的温度很高，但巨大的压力还是使它基本保持了近似固体的形态，更准确地说，是半流体状态。这种压力来自堆叠的岩石的质量，这意味着，越靠近地核这种压力就越大。

在靠近地表的地方，这种压力不足以维持岩石的形态，岩石部分熔融形成岩浆。在地球的早期阶段，岩浆在地表冷却后形成了一层薄薄的玄武岩。

坚固的玄武岩外壳很快就将年轻的地球包裹住

了。不过这层外壳影响了地球散热。无处释放的热量最终因为积聚过多，冲破了玄武岩外壳，就像从内部敲开一只鸡蛋一样，新鲜的岩浆得以从裂缝中喷薄而出。

新鲜的岩浆

大量上涌的岩浆迫使玄武岩外壳分崩离析。但在有限的空间中，外壳碎片也没有更多的空间安放自己，只好互相堆叠。随着堆叠压力的不断增加，碎片又重新被"压"回地幔——它们将再次在这个大火炉里燃烧。

因为岩石外壳承接住了彗星和陨石带来的水，所以重新进入地幔的，除了外壳碎片，还有大量的水。正在成形的岩浆的成分也因此发生了改变。

不管是从地壳裂缝中渗出还是从火山里被喷出，当这些混合了水和玄武岩的岩浆来到地面并逐渐冷却后，就形成了密度更低（相较于玄武岩）的花岗岩。就像轻的东西不容易沉底一样，花岗岩也没有重蹈玄武岩的覆辙——下沉到半流体状态的地幔中。浮力的差异使得两种岩石的"目的地"有所不同，密度更大的玄武岩逐渐变成了大洋板块的基石，而花岗岩则逐渐形成了位置相对更高的大陆板块。

板块构造论

岩石的沉浮在数千万年间不断重复，最终造就了今天的大陆地壳，甚至还让我们的大陆地壳动了起来。地壳裂开形成一些相对独立大小不一的块状结构，如今被我们称作板块，尽管这些板块实际上是由地壳和顶层地幔（合称为岩石圈）共同构成的。由于岩浆不断从地幔裂缝中涌出，因此板块目前仍在继续生长。有的已经成为巨大的山脉状山脊，其中大部分分布在海洋的底部。

与此同时，板块的边缘因为俯冲作用仍然处在重归地幔的过程当中。俯冲指的是密度更大的大洋板块冲向另一块板块之下的过程。俯冲使得板块作为一个整体动了起来，朝着高温的地幔下方潜去。更准确地说，是朝着地幔和岩石圈之间的软流层潜去。根据板块构造理论，这一过程很像一条正在工作的传送带：一个板块出现在地幔的这一端，之后又消失在地幔的另一端，地幔内部的热量就是这条传送带的动力来源。

不同类型的边界

地球表面现存 7 个大板块和若干较小的板

块，如同一个拼图玩具，板块边缘相互吻合（见图11.2）。板块的边界有3种类型：离散型边界、汇聚型边界和转换型边界。

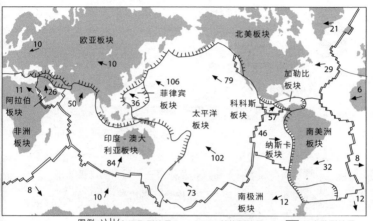

图例：⊥⊥⊥⊥⊥ 汇聚型边界　—— 转换型边界　⊔⊔⊔ 离散型边界
　　　← 板块运动的方向（每年的移动距离以毫米计）

图 11.2　地壳板块构造

　　两块相互接近的板块发生碰撞时，并不一定都会出现俯冲现象，除非相撞的是一块大陆板块和一块大洋板块。当两块大陆板块相向运动时，只会单纯地撞向对方，造成板块边缘"起皱"。世界上最高的山脉——喜马拉雅山的出现和持续生长正是欧亚板块和印澳板块在3000万年前碰撞的结果。

　　按照人类的时间刻度，板块的运动是相当缓慢的，这些大家伙移动的速度和我们的脚指甲生长的速度相当，这也是科学家们在相当长的时间里都不承认板块构造理论的原因。然而从地质学的角度出发，板块的运动的速度足以让它们在地球表面"溜冰"了。

阿尔弗雷德·魏格纳
（Alfred Wegener，1880—1930）

1915 年，德国气象学家阿尔弗雷德·魏格纳提出一项假说：大陆板块可能是由一整块大陆分裂而来，后发生漂移形成今天的布局。魏格纳不是第一个注意到有些大陆是可以相互拼接在一起（如南美洲东海岸和非洲西海岸可以像拼图一样拼在一起）的人，但他是第一个运用实证论证这一假说的人。

尽管魏格纳的大陆漂移学说能够解释当时许多悬而未决的问题，比如，相似的岩石和动物为什么会出现在不同的板块上。但这一观点在当时遭到了地质学界广泛的反对，反对的态度在美国尤其严重。

随着对洋中脊的进一步探索、对大陆板块间距离的测量以及板块构造理论的不断发展，魏格纳的大陆漂移学说终于在 20 世纪五六十年代被广泛接受。但魏格纳却无缘亲眼见证这一理论的成功，因为在一次格陵兰岛的科考工作中，魏格纳在返程途中失温而死。

超大陆

在过去的 45 亿年里，至少有两次所有大陆板块相互碰撞，并形成一个巨大的大陆板块的情形。形成的巨大的板块被称为超大陆。第一个有大量证据证实的超大陆是罗迪尼亚大陆，形成于大约 10 亿年前，它的存在时间超过了 2 亿年，直到"蛋壳"再一次被敲破（就像玄武岩外壳那样）。大约 5 亿年后，被称为盘古大陆的超大陆形成，它在大约 1.8 亿年前分裂，形成了我们今天的大陆板块的布局。

雪球地球

大陆板块在地球表面"溜冰"，会对地球的气候产生重大影响，尤其是当它们远离两极时。因为这样一来，雨水会更容易回落在大陆上，侵蚀岩石、吸收更多二氧化碳。

众所周知，二氧化碳是一种温室气体（见第 23 章），一定量的二氧化碳能够对地球起到保温的效果。但是雨水吸收了大气中大量的二氧化碳，相当于地球失去了自己的"保温毯"，极地冰盖因此开始形成。白色的冰将太阳的热量反射回太空，进一步降低了地球的温度。通常，这些冰会覆盖岩石，减缓侵蚀过程，从而减少大气中二氧化碳。但是两极附近的大陆早已"溜冰"离开了，冷却过程无法得到有效的遏制。地球完全被冰雪覆盖了。

岩石为我们提供了充足的证据——地球至少曾经两度被冰雪覆盖，在大约在 7.5 亿年前和 6 亿年前。并且每一次，雪球的维持时间都可能有大约 1000 万年。而后，地球上尚存的火山持续活动数百万年，释放大量二氧化碳，地球的温度才会回升。不过对于雪球时代冰盖的具体厚度和延伸范围仍存在争议，有的研究学者认为地球不会完全被冰雪覆盖，一定有利于生物生存的区域存在。

据推断，两次超级大陆出现的时间间隔为 5.5 亿～7 亿年，距今最近的超大陆——泛大陆形成于 3 亿年前。也就是说，大约 2.5 亿年后，下一个超大陆会逐渐成形：印度洋板块正在撞向亚洲，非洲板块也在靠近欧洲；大西洋中部海岭的扩张导致美洲加速远离欧洲，最终甚至会撞向亚洲。

地球的磁场

让我们重新把目光聚焦在地核上，尽管它位于地下数千千米，但对地表的世界产生着重要的影响。构成外核的液态铁的运动产生了一个围绕着地球的磁场。这个磁场就像一个巨大的棒状磁铁，拥有南北两个磁极。

除了给人类和无数对磁性敏感的动物提供导航外，磁场还相当于这颗星球的盾牌，以抵御太阳不断发射的带电粒子流，即所谓的太阳风。如果没有这个盾牌，生命可能无法在地球上立足，至少在地球表面上是如此。

更重要的是，由于科学家们还没有完全了解的原因，地球磁场的极性会反复翻转——北极变成南极。也就是说，在下一次翻转之后，一个指北的罗盘实际上会指向地理上的南方。这种翻转平均每隔几十万年就会发生一次，不过每两次翻转之间的时间间隔并没有明显规律，

由此可见，在地质变化的时间尺度上，地球并不是一成不变的。即使对人类来说，这些缓慢的地质过程也可能带来充满戏剧性的结果。

地核的震颤

无论我们现在站在哪里，我们脚下 2900 多千米处的地核都是一样难以接近的。地核由固态的内核和液态的外核两部分组成，主要成分都是铁。我们对地核为数不多的了解基本都来自恐怖的地震，或者更确

切地说是由地核振动产生的强大的地震。强烈的地震波能够穿透地球，所以我们才能在地表上的不同地方使用地震仪对其进行探测（见第 12 章）。这些地震波以不同的速度穿过不同的材料 —— 在密度较大的材料中波速较慢，在刚性较强的材料中速度较快。

地震波主要有两种类型，按传播方式可分为纵波（P 波）和横波（S 波）。纵波（见第 17 章）像弹跳的弹簧一样能进行压缩和延伸，可以穿过任何物体，而横波的震动模式就像摇晃一个果冻那样，特点是可以进行剪切形变，不能在液体中传播。

因为不同的地震波各有特性，所以在地球表面不同位置使用地震仪，监测并记录不同的地震波的强度和时间等信息，有助于科学家们进一步了解地球的内部结构。正是凭借这种技术，科学家们才得以揭示内核与外核之间的同异。

在收集更多信息的同时，科学家们也在发展更先进的数据分析技术。他们对收集到的数据进行建模，通过计算机的运算结果来获取更多关于地表之下的信息。2015 年，科学家们确认了模型的预测：超级幔柱上升导致部分火山热点的移动。

本章小结

- 地球的地核由固态的内核和液态的外核两部分组成，主要成分都是铁。包裹着地核的是一层被称为地幔的热岩石，在其顶部漂浮着地壳（更准确地说，是岩石圈）。

- 地球表面现存 7 个大板块和若干较小的板块。板块构造学说认为，在地幔运动的作用下，板块会出现水平方向上的运动。

- 板块的边界有 3 种类型：离散型边界、汇聚型边界和转换型边界。

- 所有大陆板块相互碰撞，形成一个巨大的大陆板块，被称为超大陆。

- 构成外核的液态铁的运动产生了一个围绕着地球的磁场。这个磁场就像一个巨大的棒状磁铁，拥有南北两个磁极。

拓展阅读

- Dartnell, Lewis, *Origins: How the Earth made us* (London: Bodley Head, 2019).

- Fortey, Richard, *The Earth: An intimate history* (London: Harper Perennial, 2005).

第 12 章

天摇地动

生活在英国的人更习惯平静的生活，从气象和地理上来说都是如此。大多数情况下，他们都不必忍受酷暑和严寒，没有飓风等极端天气的困扰，也基本不用面对危险动物的威胁。更重要的是，他们脚下的土地非常牢靠，他们用不着躲避岩浆的侵袭。

但就算是英国这片秀丽宜人的土地，也不能完全避开地球颇具攻击性的行为。每 100 年，英国会经历大约 120 次小型地震，最高震级约为 5.4 级，通常会造成轻微的建筑损伤和少量的人员伤亡。

地震

智利地震

世界上的其他地区就不像英国这样幸运了。在地球上的一些地方，地震不仅出现次数更多，带来的危害也更加严重（见图 12.1）。2010 年 2 月 27 日，一场里氏 8.8 级的地震袭击了智利的太平洋海岸。这场灾害造成了当地绝大部分地区的水电和通信服务的中断，摧毁了超过 150 万间房屋。

由于本次地震的震中位于海洋，伴随地震出现的还有一场海啸。这场海啸波及了夏威夷、加利福尼亚州、日本和新西兰等地区。当然，当海啸抵达这些地方时，规模相对较小，因为部分能量被损耗了。与之形成鲜明对比的是，袭击智利海岸的是滔天的巨浪。约有 500 人在此次地震中死亡，地震和海啸造成的损失共计 310 亿美元。

从当时的数据来看，这是 1900 年以来地球上发生的第五大地震。但对智利来说，这只是一连串地震中最新的一次。1960 年智利发生了迄今为止最严重的地震——里氏 9.5 级的地震。除此之外，智利境内还分布有 50 余座活火山（有记录以来曾喷发过的火山）。

为什么偏偏是智利？

为什么英国可以在很大程度上避免这些自然灾害，但智利却饱受地震和火山爆发的困扰呢？因为智利位于汇聚型板块边界处，英国却恰好位于一块板块内部。如果你对最近发生的地震的震中和活跃的活火山的位置有所研究的话，你会发现它们基本上都分布于板块交界处或正在形成的板块边界上（见图 12.1 和 12.2，并将其与图 11.2 进行比较）。

智利实际上位于"太平洋火圈"地带，这属于太平洋板块的边界区域，也是地球上地质活动最活跃的地区。在火圈地带的另一端，也有一个国家位于三大板块的交界地带，其地质活动甚至比智利更加频繁，这个国家就是——日本。日本每年都要经历 1000 次大大小小的地震，全球有 10% 的地震发生在日本及其周边地区。和智利一样，日本境内的活火山数量也超过 50 座。

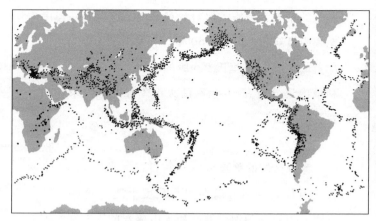

图 12.1 全球重大地震发生地点

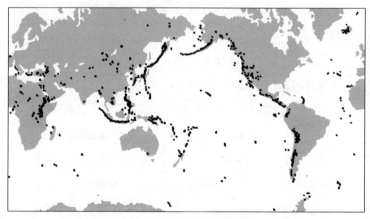

图 12.2 全球主要火山的分布情况

2011 年 3 月 11 日，也就是智利地震发生仅仅一年之后，一场震级高达 9 级的地震就在离日本东京以东 300 多千米处的太平洋海域爆发，并引发了高达 40 米的巨浪。这场灾害造成 18 500 人丧生。其间，位于日本东北海岸的福岛核电站也遭到破坏，大量具有放射性的能源材料外泄。

俯冲

袭击智利和日本的地震都是汇聚型板块边界处板块俯冲带来的结果。沿着南美洲的太平洋海岸，密度更大的大洋板块（纳斯卡板块）俯冲到了密度较小的岩石板块（也就是我们所熟知的南美洲板块）之下。然而日本东部的太平洋板块则俯冲到了密度更小的欧亚板块之下（见图 12.3）。

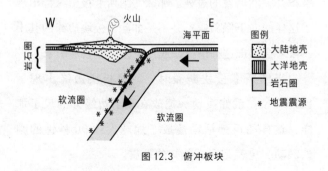

图 12.3　俯冲板块

在第 10 章中，我们了解到板块运动是一个相当缓慢的过程。板块运动的速度和我们脚指甲盖生长的速度差不多。然而，这并不意味着纳斯卡板块在俯冲到南美洲板块之下的过程是顺畅的，相反，这个过程并不连贯。当然，其他所有的板块俯冲运动也都是如此。

纳斯卡板块持续向南美洲板块之下俯冲。两个板块交界处的拥挤状态使得纳斯卡板块的其余部分在想要俯冲至大陆板块时，遭遇了堵塞。这使得交界处的堆积压力逐渐增大，南美洲板块的边界也发生了下沉。最终，这一压力找到了释放口——纳斯卡板块断裂，向地幔下沉。

在智利地震中，纳斯卡板块的俯冲边界向下倾斜了 20 米。如果我们考虑到纳斯卡板块每年的平均下沉速度仅为 50 毫米时，我们就能理解这是一个压力堆积并突然爆发的过程。那么，纳斯卡板边缘都出现了这样的向下倾斜吗？并不是如此，板块边缘的其中一段才会出现这种情况，或许还会延伸数百千米。

当纳斯卡板块断裂时，南美板块边缘出现了反弹现象。就像拨动一把放在桌子边缘外的尺子那样，这样的反弹活动造成了地球大约 90 秒钟的剧烈颤动，也就是我们熟知的地震。

因为上述过程都发生在太平洋海面之下，南美洲板块的运动搅动了海洋上层的海水，引发了海啸。我们几乎很少在开阔海域见到海啸，因为这些扰动往往都是沿着海底传播的。甚至有船只经过海啸区域，但毫无察觉的情况。只有在靠近海岸的时候，海啸才会现身。

转换型边界

世界上绝大多数的地震都是由于板块俯冲所引起的，比如 2004 年 12 月 26 日在苏门答腊岛海岸发生的里氏 9.3 级的地震。这场地震引发了巨大的海啸，造成超过 20 多万人死亡。但俯冲运动并不是引发地震的唯一因素。

美国加利福尼亚州的圣安德烈亚斯断层同样也引发过相当数量的地震，但这不是俯冲运动造成的地震。在圣安德烈亚斯断层处的两大板块相遇时，形成了转换型边界而不是汇聚型边界。当太平洋板块向北运动而北美板块向南运动时，这两块板块相互摩擦。

一旦板块无法顺畅地运动，就会造成脉冲式的冲击。另一块板块则会堵塞在一起聚集越来越多的压力，最终导致分崩离析与倾斜引发地震。

不过，这两种类型的地震在本质上还是存在区别。由俯冲运动造成的地震会给地表带来垂直方向和水平方向上的震动，而由转换断层型边界造成的地震，只会造成地表水平方向上的震动，因此不会引发海啸。

测量地震等级

一场关于地震的新闻报道当中会详细阐述本次地震的震级：2010 年 2 月 27 日袭击智利的地震震级高达 8.8 级，在 2011 年 3 月 11 日袭击日本海岸的地震为 9.0 级。众所周知，地震的等级代表了一次地震释放的能量，震级数字与地震的威力相对应。根据数值比较，我们能做出相对应的判断：日本地震比智利地震释放的能量更多、更强。

但矩震级（最初通用的地震震级标度为里克特震级或简称为"里氏震级"）这一概念就没有震级那么有名了。矩震级每相差一级，代表地震释放的能量相差超过 30 倍。也就是说震级为 9 级的地震所释放的能量是 7 级地震释放的能量的 1000 倍。

地震的震级是由一种叫作地震仪的设备来测量的，其基本工作原理为利用一件悬挂的重物的惯性，地震发生时地面振动而它保持不动。由地震仪记录下来的振动是一条曲线，曲线起伏幅度与地震波引起地面振动的振幅相对应，代表了地震的强烈程度。值得注意的是，地震仪只能记录地震的强度和方向，并不能用于预测地震。

火山

不同于离散型边界和汇聚型边界，转换型边界和火山之间没什么紧密的关系（见图12.2）。这是因为前两者的物理条件与转换边界处的有所不同。离散型和聚合型边界的特性能够促进地幔的熔融，产生更多涌出地表的岩浆。岩浆从火山口涌出后就成了我们熟知的熔岩，然而位于转换型边界处的地幔并不容易融化，这也是火山难以在此处形成的原因。

在大多数人的印象里，火山的形象都是一座高山大小的圆锥体，在顶端有着到处喷发岩浆的火山口。但实际上这是我们对火山的刻板印象，火山的形态其实是千变万化的。火山的大小和形状取决于它们喷发的频率、喷发的爆发力以及喷出的岩浆规模。

熔岩和火山喷出物

除了典型的熔岩外，火山也会喷发大小和质量不一的岩石状物质，小到细腻的火山灰，大到重达几吨的巨石。在一次喷发过程中涌出的所有岩石类物质被统称为火山喷出物。

虽然熔岩的名气最大，但是一些火山在喷发过程中喷出的岩石类物质甚至要多于熔岩。坐落于美国城市西雅图南边200千米处的圣海伦斯火山就是例子之一，这座火山曾在1980年5月喷发过。那次爆发对周边地区造成了毁灭性的破坏，附近600千米的区域都遭到了热气和岩石碎片的袭击。紧接着，火山垂直喷发，喷出了高达26千米的火山碎屑。

不过，位于夏威夷的基拉韦厄火山就是另外一种情况。基拉韦厄火山在过去200年间几乎在持续不断地喷发，喷出的基本只有岩浆。但是，与其说基拉韦厄是"喷发"，不如说它是在向外渗出熔岩。在这里，想要收集熔岩样本的科学家只需要用一把小铲子将其铲起就可以了，真是一种很安全的采集方式。

爆发

火山爆发是"砰"的一声巨响还是微弱的低声细语？这要取决于它内部岩浆的成分。火山爆发时要想一鸣惊人，它内部的岩浆就需含有大量水和气体（如二氧化碳）。当这样的岩浆从地幔上升时，由于压力的降低，岩浆将会释放溶解了的气体和蒸汽，这个过程被称为脱气，在这一过程中，气泡得以在岩浆内部形成。

不过，如果岩浆的上升速度不够快，气泡就有了充足的时间逃逸。如果气泡没能逃脱，岩浆在到达地幔表面的时候就会出现爆发性喷发。想想我们摇晃汽水瓶的过程，如果摇晃后直接打开瓶盖，那我们收获的毫无疑问是一片狼藉。不过，要是你稍微等到气泡消散之后，就不会有前面提到的喷发了。

大卫·约翰斯顿
(David Johnston，1949—1980)

大部分科学学科都不具备高危险性，但对火山的研究（也就是火山学）就不好说了。火山喷发时，所有人都想逃得越远越好，但火山学家则不得不靠近这座暴脾气的火山。观察正在喷发的火山是一件难以预测的事。当某些爆发的危险迹象被侦测到时，火山学家要在采取预防措施的情况下，进行近距离观测。

这就是火山学家大卫·约翰斯顿亲身经历的事。约翰斯顿作为美国国家地理调查小队的成员之一，在1980年被分配去监测圣海伦斯火山正在出现的火山活动迹象。此时的圣海伦斯火山周围不仅出现了地面颤动，还出现了火山北侧不断膨胀的情况。

约翰斯顿在驻扎的观测点监测火山释放出来的气

体。理论上来说，该观测点是非常安全的。但是当圣海伦斯火山在 1980 年 5 月 18 日喷发时，大卫·约翰斯顿被突如其来的热气和岩石碎块冲卷走了，他的遗体至今还没有被找到。

约翰斯顿的助手哈利·格里肯（Harry Glicken）当天本应该在监测站值班记录数据，但他那一天请假参加了一个会见，正是这样他才有幸躲过一劫。但遗憾的是，11 年后，日本云仙岳火山的喷发还是夺走了格里肯的性命。

板块中部的火山喷发

我们都知道，火山和地震活动更倾向于发生在汇聚型板块边界处和离散型板块边界处，但这不意味着它们只能发生在这些地方。就像英国这种位于板块中部的国家也会经历地震。夏威夷群岛也位于北太平洋板块的中部，但它们却可以说是大型火山的集合。

科学家们还没办法对这些特例给出明确的解释。他们认为位于板块中部的火山可能是由位于地幔下漂浮的"地幔烟囱"造成的。当"地幔烟囱"接触到地壳底部时，它就会形成一个热点，并最终穿透地壳，使岩浆溢出地表。

然而近期的研究表明，"地幔烟囱"并不是唯一的幕后推手。有些火山的喷发其实是岩浆从地幔裂缝和断层中流出的结果。地幔中裂缝和断层的运动同样也可以用来解释这一现象，虽然这种现象还有可能是遥远的板块边界活动引起的。

从地球的攻击性来看，地球表面实际上并没有任何一块完全安全的地区。英国虽然并不位于板块交界地带，但这个国家不仅会偶尔经历地震，甚至还拥有不少的火山。即使这里的火山已有超过百万年未曾喷发过了（也就是我们所说的死火山），然而没有人在这件事情上可以打包票，因为平均而言，每5年就有一座死火山喷发。

预测灾害

通常而言，动物被认为拥有预测地震和火山喷发的能力。坊间流传着非常多的故事，这些故事都大同小异地描述了动物们在地震发生和火山喷发前自行逃离或者行为举止古怪的故事。如果真是这样，科学家们在针对地质灾害进行精准预测的能力上就相形见绌了。

相比而言，火山喷发的可预测性就远远大于地震了，因为火山在喷发之前会出现比较明显的迹象。比如连续多次的小型地面颤动、火山侧面的隆起以及喷出气体成分的改变。这都是正在上升的岩浆造成的，并且可以被地震仪以及火山周围众多的传感器所捕捉和侦查到，有些迹象甚至用肉眼就可以观察到。卫星也能在遥远的太空观测到地面的变化和气体的排放。不过问题在于，有可能出现了大量喷发迹象，最后却没有出现火山喷发。

科学家完全无法预测地震发生的时间、地点和规模。这是因为地球表面一直在运动，这种运动通常非常缓慢，以至于我们无法感觉到。板块构造的移动或地表下岩浆的流动都会对地下深处的岩石产生压力。随着时间的推移，这种压力不断累积，直到有一天，地下的岩石突然破裂，导致上方的地表开始晃动，就发生了地震。科学家虽然不能预测地震，但可以监测地震，虽然地震预警是在地震后才能发出，但提前将地震信息传播出去，哪怕只是几秒钟的时间差也足以拯救无数人的生命。

本章小结

- 地震和活火山往往聚集在板块交会或正在形成的边界。

- 太平洋火圈是地球上地质最活跃的地区之一。

- 汇聚型边界处的俯冲，即一个板块冲向另一个板块之下的活动，是世界上大多数大地震的原因。

- 除熔岩外，火山还会产生大小不等的岩石物质，从细火山灰到巨大的巨石，被称为火山碎屑喷出物。

- 由于一些尚未清楚的机制和原因，火山和地震也可能发生在板块中部。

拓展阅读

- McGuire, Bill, *Waking the Giant: How a changing climate triggers earthquakes, tsunamis, and volcanoes* (Oxford: Oxford University Press, 2013).

- Rothery, David, *Volcanoes, Earthquakes and Tsunamis: A complete introduction* (London: Hodder Headline, 2015).

第 **13** 章

岩石的故事

凡是讲到时光穿越的电影，几乎都会有角色穿越回到过去，为观众提供另一个看待事情的角度。现在，我们也要做类似的事，不过我们进行时光旅行需要借助的工具是——地幔。

在第 11 章里，我们了解到，地幔是一层厚厚的、滚烫的岩石。当然，这种岩石不同于我们日常生活中常见的石头。地幔的平均厚度可达 2900 千米，基本由同一种岩石构成——橄榄岩。

什么是橄榄岩？在此之前你或许从没听说过这个名词。当说起岩石的时候，你可能会想起最受欢迎的花岗岩、页岩和砂岩。其实，橄榄岩是刚刚那些更受欢迎的岩石的远古祖先。在几百万年的地质变化中，橄榄岩逐渐变成了它们。在这过程当中，到底发生了什么？

硅酸盐

要回答上面提出的问题，我们先得给岩石这个名词下个定义。岩石是天然产出的矿物集合体。以橄榄岩为例，橄榄岩就是一种由硅酸盐矿物橄榄石和辉石组成的岩石。

这也就解释了为什么地球除地核外的大部分区域（包括 90% 的地壳），都是由硅酸盐矿物构成的。毕竟在形成地球的尘埃和气体盘中，硅酸盐颗粒的占比很高，在此基础上形成一颗星球也是情理之中的事了（见第 3 章）。在硅酸盐结构中，SiO_4 四面体是硅酸盐矿物晶体结构中最基本的单位，我们也

称 SiO_4 为硅氧骨干。橄榄石和辉石都是主要的硅氧骨干形式。

橄榄石和辉石

尽管有着相似之处，但橄榄石和辉石的区别要比我们想象得更大。在橄榄石中，带负电的 SiO_4 四面体相互排斥，以孤立形式存在，它们被骨干外的金属阳离子连接起来，形成橄榄石三向等长的晶体结构。

而在辉石中，每个 SiO_4 四面体与其相邻的两个 SiO_4 四面体共用一个氧原子，形成一向延伸的链。链与链之间则由金属阳离子（如铁、镁和钙）等连接。虽然 SiO_4 四面体角顶相连的形式让链状硅酸盐矿物的结构看起来像一种几何办公玩具，但辉石晶体多呈短柱状，呈半透明状。

岩石不可貌相

矿物只能形成平平无奇、老生常谈的石头吗？我们可不能小瞧了这种物质，地表下高温高压的条件中，矿物也能形成许多惊人、稀有的石头。

举个例子，硅和氧并不一定必须和金属离子结合才能形成岩石。就像 SiO_2 只用坚持做自己，就可以形成天然水晶的基质 —— 石英。尽管石英本身称不上价值不菲，但其中的杂质，比如铁，会将石英变为迷人的紫水晶。

岩石中还可能藏着十分有价值的金属沉淀物 —— 矿物。岩石中的矿物含量很难一概而论，这与金属的类型相关。更现实地说，从岩石中开采不同金属的成本有所不同。因为铁非常普遍且价格低廉，所以当岩石中的铁含量少于 50% 时，开采价值不高；对铝来说，这个边界值则会降低到 30%；铅和铜的边界分别是 5% 和 1%；对银来说，即使岩石中的银含量只有0.01%，都是值得开采的。金和铂的最低边界甚至可以达到 1×10^{-6}（每 1 吨岩石里有 1 克黄金）。

岩石内部的变化

在橄榄岩中，橄榄石和辉石晶体聚集在一起，形成了一个强大的、相互连接的系统。但事实上，包括橄榄岩在内的所有岩石都不是完全相同的，也就是说即使是相同类型的岩石，它们的组成和结构也会有所不同。

首先，矿物质的化学成分具有其他物质都没有的灵活性。像甘氨酸这样的氨基酸都含有相同数量的碳、氧、氢和氮原子。

然而，在橄榄石中，硅酸盐离子可能与铁离子或镁离子结合，所以其中镁和铁的比例也就不是固定的。有些橄榄石中的铁含量偏高，有的则是镁含量更高。所以甘氨酸的化学式是 NH_2CH_2COOH，橄榄石的化学式则写成（Mg, Fe）$_2SiO_4$。不过受到自然条件的影响，地幔中含镁的橄榄石比例相对较高。

此外，橄榄岩中的橄榄石和辉石的比例也没有定值，单个矿物晶体的体积也有大有小。也就是说，尽管绝大多数地幔都由橄榄岩组成，但这些橄榄岩并非铁板一块，其确切性质可能也会稍有变化。这种不确定有时也是件好事，因为它有助于解释占据了地幔绝大部分空间的橄榄岩，是如何转化成各种不同种类的硅酸岩的。

地幔的部分熔融

现在，我们已经知道，地幔中的主要成分是高温的橄榄岩。因为地球内部逐渐升高的压力，这种岩石基本都能保持固体的形态。但当我们来到浅层（比如地幔和地壳相接的区域时），岩石受到的压力变小，橄榄岩也就开始熔化了。

因为橄榄岩是由两种化学成分不同的矿物组成的，这种熔融并不会突然发生。橄榄岩不同部分融化所需的温度和压力有所不同，取决于这一部分的化学成分。这一过程被称作部分熔融。

部分熔融的橄榄岩与初始橄榄岩形成的岩浆在化学成分上存在差异。其中，SiO_2 的含量变化较为显著。橄榄岩本身只含有 45% 的 SiO_2，但部分熔融的橄榄岩则含有大约 49% 的 SiO_2。

玄武岩和花岗岩

当这种熔融的岩浆升至地表时，它冷却下来形成了玄武岩，也就形成了早期地壳和如今大洋板块的重要组成部分。受到部分熔融的影响，玄武岩不仅拥有橄榄石和辉石这两种成分，还同时含有长石等多种矿物。

当玄武岩因为地壳俯冲运动再次回到地幔时，携带着大量海水。所以当再次发生部分熔融时，新产生的岩浆将含有更多的 SiO_2（52% ~ 66%）。这一批岩浆来到地面、冷却后形成新一批的岩石——安山石。相较玄武岩，安山石的密度更低，内含的矿物也有所不同。

密度更低的岩石在地幔中的位置更高，逐渐积累形成了大陆地壳。部分熔融甚至能形成硅酸盐含量更高（大于66%）的岩石，这类岩石被统称为花岗岩。花岗岩同样也是大陆地壳的重要组成部分。

玄武岩、安山石和花岗岩其实都是岩浆岩的不同类型，它们都由岩浆冷凝固化形成。除了岩浆岩，另外两种岩石类型是变质岩和沉积岩。但从岩浆岩出发，可以生成其他所有类型的岩石。

变质岩

当已经存在的岩石受到了高压或高温的影响时，岩石会成为变质岩。比方说，当岩浆直接从断层或地壳裂缝中涌出时，现存的岩石得以直接接触岩浆的温度，这样的高温使岩石发生变质。压力增大导致岩石变质的情况也很普遍，比如当地表的岩石被熔岩及其沉积物掩埋、由于板块俯冲运动，这些岩石随着地壳下沉，埋藏深度的增加最终会引发岩石的变质作用。

形成变质岩的温度虽然低于岩石的熔点（大约700摄氏度），但足以改变岩石内部矿物的性质。没有出现熔融现象的重结晶过程被称作变质，这一过程能够产生一系列新的岩石类型，其中就包括我们熟知的页岩和大理石。

按照上述的介绍，似乎只有当岩石抵达地表时才会引发一系列变化。但事实并非如此。岩石中的矿物只有在形成时的初始气温和压力的条件下才能保持稳定。当气温和压力低于初始条件时（例如地表），岩石就会变得不稳定，开始出现化学降解。

水可以催化这一过程。尤其是当水中含有被溶解了的二氧化碳时，水就会呈现弱酸性，这为溶解岩石提供了条件。这一过程将会把坚固的岩石变为高岭石一类的黏土矿物。

除了这种化学降解，气候带来的物理侵蚀也能达到破坏效果。水的反复冻结和融化会使岩石破裂，岩石表面会脱落碎片，因为水变成冰时，体积会变大。昼夜温差引发的热胀冷缩也使岩石自身会出现裂缝和碎片。另外，有生命的生物体也参与到了这个过程当中：植物的根能够分裂岩石，一些微生物甚至还能以岩石为食。

菜单上的岩石

　　和人类一样，很多细菌也通过消耗和分解有机物获取能量。其中有一些细菌喜欢在坚硬的岩石中觅食。这类食岩细菌主要分为两类：一类分解岩石中含铁的矿物；另一类则更钟情于含硫化物的矿物。

这两类细菌虽然口味不同，但通常生活在一起，因为如果食用硫化物的细菌要想享用美食，就需要前者施以援手。当食铁细菌分解含铁矿物时，会产生一种易与含硫矿物反应的铁，这一过程使含硫矿物转化为更简单的化合物。这样一来，食硫细菌才得以继续分解、享用食物。食岩细菌产生的有机废物也为其他普通微生物提供了养料，所以这两种细菌通常还会和其他细菌在岩石上共存。

"吃"岩石带来的最显而易见的结果就是释放了更多岩石内部的金属。铜、镍、锌等金属以硫化物的形式存在于岩石中，而其他金属（如金），则是被包裹在含硫化物和含铁的矿物中。无论哪一种情况，当细菌分解岩石中的矿物质时，其中的金属都能被释放出来。

因此，利用微生物提取稀有金属矿藏的情况越来越多，尤其是金属品位低于 0.5% 的低品位矿藏。实现这一目的的技术有很多，但都包括以下这项重要步骤：粉碎矿石并用含有不同食岩细菌混合物的硫酸溶液清洗矿石。

这一方法不仅比常用的加热和熔炼技术所消耗的能量要少得多，而且产生的毒性废料也更少。可以说，这是一种非常具有成本效益的、清理旧式采矿作业废料的方法。

沉积岩

岩石最终都会被侵蚀。被侵蚀的岩石会转化成无数微小的颗粒，这些颗粒不是被河流冲走就是被风吹走。如果这些颗粒被河水席卷，那在河流入海的地方，颗粒就会在河底形成一层沉积物；如果搭乘的是风的便车，颗粒往往会堆积形成沙丘。

数百万年的时间里，这些沉积物层层堆积，挤压并加热更早落定的沉积物。这引发了一系列化学和物理反应，其中最显著的反应是沉积物层的脱水，柔软的沉积物最终变成了坚硬的岩石。我们熟悉的砂岩和黏土岩就是这样出现的。

在堆积和形成岩石的过程中，会有生物的残骸误入沉积层。如果这些"幸运儿"恰好是有着碳酸钙外壳的生物，或是大部分微型浮游生物，那么石灰岩就出现了。石灰岩也是唯一一种非地幔产生的岩石。如果进入沉积层的是还没被分解的植物残骸或藻类，那么几百万年间的热量和压力将会把它们变为珍贵的石油、天然气和煤炭的沉积物。

岩石循环

认识了不同种类的岩石，我们会发现，地球上的岩石可以相互转换，岩石处于持续的循环之中。地幔中的岩浆来到地表冷凝，结晶形成岩浆岩，岩浆岩又在外力作用下转化成沉积岩和变质岩，后两者可以反复相互转换。之后，一些岩石伴随俯冲运动回到地幔，重新开始循环。这一过程就是我们所说的岩石循环。

本章小结

- 目前最广为人知的花岗岩、页岩和砂岩都由同一个古老的祖先 —— 橄榄岩经过几百万年的时间转换而来。

- 地球的地壳主要由三种岩石构成：岩浆岩、变质岩和沉积岩。

- 带有碳酸钙外壳的生物残骸进入沉积层，在适宜的温度和压力条件下会形成石灰岩。石灰岩是唯一一种不依赖地幔转化形成的岩石。

- 如果植物残骸和藻类进入沉积层，经过几百万年的高温高压，这些物质会形成石油、天然气和煤炭。

拓展阅读

- Rothery, David, *Geology: A complete introduction* (London: Hodder Headline, 2015).

- Zalasiewicz, Jan, *The Planet in a Pebble: A journey into Earth's deep history* (Oxford: Oxford University Press, 2012).

第 **14** 章

水和风

　　我们这章的主角是海洋，它约占地球表面积的71%。海洋为我们提供了很多东西，比如食物、娱乐、交通，还有艺术灵感，但海洋最重要的作用到底是什么呢？如果只能选一项的话，那么就是——传输热量，尤其是将热量从赤道转移到地球的两极。

如果热量不流动，那么地球上适宜生物生存的范围将只有窄窄一圈。在这个圈外，气候将会十分寒冷。也就是说，如果没有海洋带来的热循环，地球上的大部分区域可能会被冰覆盖。

英国伦敦和加拿大卡尔加里基本在同一纬度上。后者在隆冬时节的温度会降至零下 10 摄氏度以下，但英国冬季的平均温度基本都保持在零度之上。

英国距离赤道遥远，但仍能在冬季拥有相对高的气温，这是墨西哥湾流和北大西洋暖流的功劳。两股温度较高的洋流带来了大西洋一侧 —— 加勒比海温热的海水。如果没有它们，英国和大部分西欧地区将会大变样。

对流

海水能够在全球范围内传输热量依靠的是对流运动。水受热膨胀，密度减小并上升，高处冷水下沉，这就是对流运动的过程。当我们加热一只装满水的玻璃烧杯时，就能直接观察到小规模的对流运动。在加热时，烧杯底部的水会上升到表层、冷水则下沉到底部被加热。通过这种对流运动，热量得以在整个烧杯内部循环。

同样的对流运动也发生在海底，只是容器从烧杯换成了地球，海水在赤道被加热，在两极冷却。不同的地方在于，海水的含盐量也影响着海水的密度。因为不同区域海水的实际含盐量差异很大，所以海水间的对流运动还会受到诸如热量和水流方向等因素的影响。海水的平均盐度是35‰，即每千克海水中的含盐量为35克。但寒冷的波罗的海和北冰洋的含盐量更低，而封闭海域如地中海和红海的密度则更大。也就是说，在温度低或含盐量高的情况下，水的密度更大，在温暖或开放的水域中，海水的密度更小。

热盐环流

和大部分人的直觉相反，海水的对流是由冷水而非热水驱动的，这一过程也被称为热盐环流。让我们先来看看北半球：随墨西哥湾流和北大西洋暖流而来的海水不仅温度偏高，且含盐量也更大。北大西洋暖流带来的温暖的海水一部分被输送到西欧沿岸，在北大西洋，另一部分则流向冰岛和格陵兰岛附近的北冰洋海域。

从北冰洋冰盖上吹来的冷风消耗了海水的热量，随着含盐量增加、密度变大，这部分海水沉入深海继续流动。请想象一个宏伟的海底瀑布，它从格陵兰岛海岸倾泻而下。持续的下沉运动驱动着一股深层洋流横跨赤道，直抵地球另一边的南半球。

海水在向南进发的过程中，温度再次回升。加上流动性增强，海水的盐分也被稀释，密度也逐渐变低（粒子倾向于从高浓度转移到低浓度）。于是，深层的海水逐渐上升，再次翻到海表。等它回到海洋表层时，它就把自己的命运交付到了另一种对流运动手中。

现在，我们可以把目光聚焦在更高的地方了。水受热会膨胀并且上升，空气也一样。太阳的照射加热赤道地区的空气，空气受热上升，最终分成两股气流，朝两个极点流去。当空气的温度逐渐降低，它就会慢慢下降。同样，下降的气流也会一分为二，其中一部分重回赤道，另一部分则流向极点。当朝着极点流动的气流与离开极点的气流打照面时，气流又会再次抬升，然后再分成两股，朝着赤道或者极点流动。

三圈环流

上述的现象使赤道和极点间出现了环状的气流

循环，也就是我们熟知的环流圈。南北半球各有 3 个环流圈。在每个环流圈中，风向轨道都是一个大范围的圆。顺时针和逆时针的轨道交替出现。在赤道和极点附近的环流圈里，高处的空气远离赤道，地表的空气朝向赤道。但位于"中间"的环流圈里，情况则正好相反。在这里，环流圈高处里的空气朝着赤道运动，地表的空气则远离赤道。这些环流圈就像紧密的网状大气齿轮一样，和相邻的气流做着相反的运动。

和海水一样，这些环流圈将赤道的热量传输到地球两极。不过在传输效率上，海洋还是略胜一筹。海洋表层 2.5 米深的海水的传输效果可抵大气整体的传输效果。环流圈产生的表层气流，就是我们熟知的——风。

盛行风的风向

按照刚刚对环流圈的解释（气流远离或靠近赤道），风应该要么是朝南吹要么是朝北吹的。但真实的风向却复杂得多。实际上，北半球赤道和极点附近的盛行风风向通常为东北风，中纬度地区的盛行风则通常为西南风。在南半球，情况则刚好相反，南半球高低纬度地区的盛行风风向为东南，中纬度地区的盛行风则常从西北方向吹来。

科里奥利力

为什么风向不是正南正北，且南北半球还有区别呢？地球的自转可以解答这个问题。地球自转时，赤道旋转的速度最快，而两极最慢。因此，当风向北或向南吹的时候，受到地球自转、摩擦力和大气差的影响，空气的流动方向会出现偏转。我们可以联想一下，如果一个孩子站在环岛中央，顺时针旋转，正和周围的孩子玩扔球游戏。那么如果接球的孩子距离环岛中央很近，那么球就有可能沿着直线运动；但对于站在边缘的孩子来说，球的运动方向则会向左偏移。造成风向偏转的力被称作科里奥利力。

风能够吹掉帽子、吹起风筝，盛行风还能吹动表层海水，形成活跃的季风洋流。不同于深层海水中的热盐环流，季风洋流的轨迹基本是个圆形，这和盛行风与表层洋流一样，都是科里奥利力的体现。

海洋中的流涡

海洋中的表层海水都参与到了圆形的环流轨迹

中，这些海洋环流被称作流涡。位于副热带高压地区的大西洋中部以及太平洋海域遍布流涡。陆地的存在干扰了这些季风洋流的流动轨迹，形成了不同的洋流模式。南极绕极流受到南极大陆的影响，持续不断地围绕南极极点流动。

在北冰洋海域沉下来的海水会根据不同区域的具体条件选择是否回到表层。比如持续释放咸水水流的地中海就为从北冰洋来的深层海水提供了上升的机会，深层海水甚至还可以借此抵达大西洋的另一端。但如果这股南下的海水不走运地踏上了崎岖的海路，那么在重新露面之前，它们就会抵达南极。

在南极，它要么被南极绕极流捕获，绕南极洲旅行几趟，然后进入大西洋或太平洋，要么被南极洲的空气冷却，再次下沉到海底，然后被推回大西洋、太平洋和印度洋，在这期间，这股海水又会逐渐上升，回到表层，被各种流涡截获。

最终，这股海水会流向加勒比海，又沿着墨西哥湾暖流和北大西洋环流朝着冰冷的格陵兰岛和冰岛水域进发，也就是回到了最初的起点，即将再次开启新一轮的循环。这一趟旅程，时间跨度可达1000年之久。

不过，寒冷且密度较高的海水只在这两个地方下沉到海底：北大西洋的极地水域和靠近南极洲的威德尔海海域。只有在这两个地方，海水才能变得足够冷且密度大，得以下沉到海底，还裹挟着一部分温暖的海水前进。借助盛行风引起的表层洋流，这种热水和冷水之间简单的运动，就构成了整个复杂的海洋环流系统。

对海洋环流系统的研究近些年来才取得重大的突破。科学家们利用卫星成像、机器浮标以及全自动无人机等技术进一步了解了海洋环流系统的复杂性，比如环流出现的范围之广。海洋会形成成千上万个漩涡——旋转的水循环系统，它可以在几年之内，将热量和盐输送到 50～200 千米以外的区域。

水下无人机

无人机通常都只在空中作业，但是越来越多的无人机也可以做到在深海里活动。与在空中工作的无人机不同，水下作业的无人机所需的操作相对较少。它们可以在相当长一段时间里都待在水下，在一大片水域自主收集一系列水下数据，比如海水的密度、压力、温度和含盐量等。它们也常常被用来跟踪污染、监测火山以及冰山和冰架的情况。

这些无人机本质上和小型潜艇十分类似。它们由电池供电，通过配置有全球定位系统（GPS）的电脑控制。有些无人机是采用电池供电来推动螺旋桨，速度甚至可以达到每小时 7 千米，航程可达几百千米。另一些无人机的驱动方式没有这么传统，它们被称为水下滑翔机。

水下滑翔机往往采用基于油液的浮力发动机，在浮力引擎外部还装有一个气囊，引擎将油液压入或压出该气囊，以控制滑翔机的沉浮。滑翔机的时速可达 1 千米左右。虽然比常规水下无人机稍慢，但这种滑翔机的动力模式更加节能，也更有利于滑翔机进行远距离、长时间作业。

许多水下无人机和滑翔机正在穿越海洋。它们会定期浮出水面，通过卫星传输自己收集到的各种数据。虽然它们在水下免受暴风雨和海浪的冲击，但它们的外壳上有时也会留下一些深海生物的牙痕。

海洋污染

科学家们还通过长期追踪污染物的水传播轨迹，如臭名昭著的、破坏臭氧的氯氟烃（氟氯化碳），绘制出了海洋环流系统。在太平洋中部有一处明显的污染点，北太平洋流涡收集了大部分扔进太平洋的塑料垃圾，并将其"倾倒"在相对平静的水域。随着垃圾越堆越多，这一"垃圾场"的面积已有美国得克萨斯州面积的两倍之多。

对人类而言，海洋可能是食物、娱乐、交通和艺术灵感的重要来源，但它作为自然的一部分，也是各地热量的主要分配者。不幸的是，人类正在把它变成一个垃圾场，并且规模有增无减。

潮汐

潮汐是海洋最典型的特征之一。在世界各地，海洋每天两次朝着陆地前进一小段路，然后消退，形成涨潮和退潮现象。地球和月球之间的互相作用是产生这一现象的主要原因，有时太阳也会参与其中。

潮汐主要是由月球的引力和地球自转时产生的离心力联合形成的自然现象。这两种力的性质有所不同，一个天体和自己卫星离得越近，二者之间的万有引力越大，一个物体离旋转中心越远，受到的离心力则越大。

月球对地球表面的海水有吸引力，但地球自转使得表面各点距离月球的远近各不相同，正对着月球的地区受引力更大，海水向外膨胀，出现涨潮。与此同时，地球的背面受到的引力虽然较小但离心力却因距离而增加，因此也会出现涨潮。当地月运行到某种角度时，这两种力会相互抵消，出现退潮。

当太阳和月球运行到同一条线上时，二者之间的引力会引起地球的潮汐叠加，产生大潮（也称朔望潮）。

本章小结

- 地球上海洋总面积约为 3.6 亿平方千米，约占地球表面积的 71%。

- 海洋能够将热量输送到世界各地。水在赤道被加热，在两极冷却。

- 对流运动是由冷水而不是热水驱动的，这一过程被称作热盐环流。

- 南北半球自赤道到极点都存在三个管状气流 —— 三圈环流。

- 受到三圈环流影响，出现的盛行风在海洋表面可以形成季风洋流。

拓展阅读

- Aldersey-Williams, Hugh, *Tide: The science and lore of the greatest force on Earth* (London: Penguin Books, 2017).

- Kunzig, Robert, *Mapping the Deep: The extraordinary story of ocean science* (London: Sort of Books, 2000)

第 **15** 章

风暴来临

海洋和空气的互动不止一种形式。我们在第 14 章提到，在盛行风的作用下出现了表层洋流。表层海水在天气系统扮演着举足轻重的角色，云足以证明这一点。

云和天气

云是由无数水滴组成的。其中，大约 80% 的水滴来自海洋，其余的来自湖和其他水体。阳光加热使表层海水蒸发，形成水蒸气。在上升过程中，水蒸气冷却并与空气中的悬浮粒子（如从海浪中析出的盐和从矿物粉尘、烟尘凝结）相结合形成水滴。

这一过程发生在海上，在赤道（表层海水最为暖和，蒸发量较大）和其他低压地区尤为明显。因为大气并不是均匀地包裹着地球，有的地区空气聚集，形成了高压地区，有的地区的大气相对稀薄，也就有了所谓的低压地区。

低压系统

高压和低压系统都能产生风，只不过二者的方向有所不同。低压系统吸入空气并将其抬升，高压系统则会向下把空气排开。地球自转形成的科里奥利力也会成为推手，使空气运动的方向不再"直来直去"。在北半球，高压系统造成的风呈顺时针方向吹，低压系统的风则为逆时针。南半球的情况恰恰相反。

高压系统

高压系统和低压系统对海面上的水蒸气的"态度"截然不同。当低压系统经过海洋时，它会吸入表层海水蒸发形成的大量水蒸气，经抬升后形成云，而高压系统的空气在下沉过程中则会将水蒸气吹开，也就更容易形成晴朗的天气。无论是在海洋上还是陆地上，伴随高压系统出现的往往都是非常暖和或非常寒冷的天气（具体情况取决于地面/海面的热量和从高空中带下来的空气的温度）。

厄尔尼诺和拉尼娜

除了操纵单个风暴与飓风，海洋还有能力对大范围内气候系统产生影响。厄尔尼诺就是最典型的例子。

在正常年份，热带太平洋区域的季风洋流从美洲流至亚洲，使太平洋表面保持温暖。但每隔4～7年，季风会减弱甚至转向，使得位于热带的中太平洋和东太平洋的海面温度升高，表层之下的冷海水无法上浮，这一现象会持续一至两年，被称为厄尔尼诺现象。

厄尔尼诺对区域和全球的天气模式具有极大的破坏性，比如造成澳大利亚和东南亚地区的旱灾、美洲西海岸的降水量猛增等。它甚至和非洲的干旱也相关。与厄尔尼诺相反的情况被称为拉尼娜现象，即季风势力增强，导致东南亚降水增多和美洲部分地区的干旱。

暴雨云

如果水蒸气足够多且温度高，那就可能形成相当大的云体，并最终形成巨大的暴雨云。暴雨云的宽度可达 16 千米。在海面上形成之后，暴雨云可以跟随低压系统抵达陆地。当然，陆地也有可能直接形成暴雨云，比如当温热潮湿的空气与寒冷干燥的空气相遇时。

暴雨云底部的温度基本维持在宜人的 15 摄氏度，随着海拔升高，暴雨云内部的温度逐渐下降，顶部的温度甚至会下降到零下 60 摄氏度。明显的温差不仅加剧了云层内部和周围的风力，还导致了雨和雪的形成。这样的特性为暴雨云赢得了褒贬不一的评价。

雨的形成

风可能会携带着水蒸气上升，但当凝结而成的水滴太重时，水就会再次落回地面。下落过程中，水滴穿透云层，与云层中的云滴结合形成更大的水滴，当这样的水滴足够多、足够重时，就会形成降雨。一滴雨滴中含有上百万甚至更多的云滴。

理论上说，如果水蒸气的浓度够大，几乎任何规格的云都能产生降水。300米厚的云可能会产生小雨和细雨，含水量更高的云可能会产生更多降水：单个暴雨云就能产生超5亿升降水。

冰晶的形成

虽然雨水可能是暴雨云释放的唯一形式，但它绝不是暴雨云唯一能产生的物质。当上升到一定高度后，暴雨云内部的温度会很快下降至冰点，云中的水蒸气也因此会凝结为冰晶。

通常，水汽按照特定结构在尘埃上凝华时才能形成冰晶。但如果没有合适的杂质，即使气温低于0摄氏度，水汽也仍会保持液态，形成过冷水滴。与云滴相互冲并增长的方式不同，冰晶依靠水滴的凝华而增大。

温度低于冰点的云都能形成冰晶，但只有在云层内部和外部的温度都足够低的情况下，才会出现降雪。否则，冰晶会在落到地面之前融化为水。如果融化了的冰晶在到达地面之前，温度仍然非常低，它们就会再次结冰，形成冻雨和冰暴。还有一种可能，那就是融化了的冰晶在靠近地面的时候和一层极冷的空气相遇，这种情况下冰晶会再次结冰形成冰雹。

雪花

如果最终出现降雪天气，那我们还可以讨论一下雪花的形状。雪花的形状取决于它们形成时的温度。我们最熟悉的六边形雪花，形成时的温度不低于零下 18 摄氏度。如果低于这个温度，雪花就会变成六角形结晶。

"世上没有两片一模一样的雪花"是我们耳熟能详的俗语，但实际情况却并非如此，科学家们曾发现过完全一致的雪花。

冰晶和过冷水滴也能结合形成更大、更不规则的雪花。有时，强力的风将水汽带到云层上，导致风暴产生大量过冷水滴。当这些水滴在冰晶上迅速冷却时，很有可能会造成猛烈的冰雹天气，有的冰雹甚至能有一个乒乓球那么大。

雷和闪电

暴雨云最典型的特征应该就是雷和闪电了，雷闪现象的出现仍和冰晶有关。暴雨云中的冰晶相互碰撞时会带上电荷：一个冰晶失去一个电子，另一个冰晶接受这个电子。它们就分别带上了正电荷和负电荷。这也可以解释我们走过地毯时被静电电到的现象。

虽然还没有探明具体原因，但科学家们发现，云层中带电的冰晶分为三层：聚集在云层顶端的是正电荷，中间一层是具有相当厚度的负电荷，底部是一层相对较薄的正电荷。当暴雨云中的电场变得足够强，强大到足以电离空气时，负电荷就会朝地面划出电离通道（先导放电）。

不过，这条电离通道并不会真的抵达地面。因为在那之前，它就会在地表上方找到正通往云层的正电荷。这一道正电荷也被称作逆导主放电，也就是我们熟知的闪电。

闪电释放出的能量非同凡响，不仅平均可以释放几千万甚至数亿伏的电压（比美国境内所有的发电站提供的电压都要高），还可以将气温瞬间加热到 30 000 摄氏度左右。打雷就是受热剧烈膨胀的空气在大气中产生的冲击波。

旋转的风暴

比起打雷和闪电，暴雨云的另一个特征就没有那么出名了。这就是暴雨云旋转。不过其实回想起科里奥利力，我们会意识到，暴雨云应该是可以旋转的。毕竟，暴雨云形成于低压系统上方，低压系统本身就可以形成螺旋状的风。尽管所有的风暴都在旋转，但其中最有代表性的还是热带气旋。根据形成的地点不同，风暴也会拥有不同的名字。如果风暴位于大西洋或东太平洋，就会被称为飓风；如果形成于西太平洋，风暴就会被称为台风；如果形成于南太平洋或印度洋海域，则会被称为气旋。

热带气旋是所有风暴中最强大的一种，其定义是风速超过 118 千米／小时的风暴。显然，热带气旋形成于赤道南北两侧的热带海域（水温通常高于26 摄氏度），赤道上无法形成热带气旋，因为科里奥利力效应在赤道处为 0。热带气旋和风暴都需要吸取海水上空的水蒸气。实际上，热带气旋通常由普通的热带风暴进一步发展而来。

科学家们还没有完全弄清热带风暴变为气旋的机制。许多学者认为，上升的温暖水蒸气会增强风速，大风又会带走更多水蒸气，这一过程可能和风暴转化为气旋的现象相关。每年，这一过程都会形成 80～90 次不同等级的、涉及范围极广的热带气旋。当这些暴虐的风暴登陆陆地时，破坏力惊人。2005 年，袭击美国新奥尔良的卡特里娜飓风造成了超过 1300 人死亡和数百亿美元的损失。

热带气旋的风速可达 320 千米 / 小时，会带来大量降水和风暴潮。气旋造成的超过 90% 的死亡事件都和风暴潮相关。热带气旋的中心是风暴"眼"，这里的气压较低，吸取海水上空的水蒸气。气旋的强风会将表层海水吹向陆地，所以当气旋抵达陆地时，还会掀起海浪，浪高有时高达 10 米。

部分飓风也会产生漏斗状的剧烈旋转气流——龙卷风。通常来说，龙卷风的破坏性比飓风更大。因为龙卷风内部的风速可达 480 千米 / 小时。龙卷风的直径一般不超过 60 米，移动距离小于 16 千米，但有时有些龙卷风的移动距离可超过 100 千米。

任何风暴都有可能产生龙卷风，也就是说风暴频繁的地区，龙卷风"光临"的次数肯定不会少，如欧洲、印度东北地区和北美洲等地。其中，美国的龙卷风最为常见。美国每年会出现大约 1000 次龙卷风，绝大部分发生在"龙卷风走廊"地带（涉及得克萨斯州、俄克拉何马州和堪萨斯州）。

通常，飓风过境都会带来大面积的严重破坏，但龙卷风的破坏力却难以捉摸。有时，它会破坏一间房屋，但周围的房屋却毫发无损；有时它又可以将车辆直接卷入空中，却将一只腌菜罐头"小心翼翼"地放在 40 千米外的路面上。

罗伯特·菲茨罗伊
（Robert Fitzroy，1805—1865）

如今，天气预报的结果触手可及——手机、电脑和新闻中都有相关资讯。我们在生活中根据这些信息决定明天要出门穿的衣服、出行的目的地和日常的安排。这种便捷很大程度上要归功于一名英国皇家海军的官员——罗伯特·菲茨罗伊。在 19 世纪，菲茨罗伊为建立客观、科学的气象预报系统作出了巨大的贡献。

在此之前，菲茨罗伊的人生经历就已经相当丰富了。他曾当选英国国会议员，也担任过新西兰的总督。不过，他最广为人知的事迹是他曾担任英国皇家海军贝格尔号的船长。著名的生物学家查尔斯·达尔文正是乘坐这艘船环游了南美洲。在此期间，他关于生物进化的学说——"自然选择"逐渐有了雏形（见第 5 章）。达尔文和菲茨罗伊的友谊维持了相当长一段时间。但是菲茨罗伊作为一名虔诚的基督教信徒，并不认同达尔文的进化论观点。

1854 年，菲茨罗伊被任命为一个部门的负责人，负责收集海面上天气状况的数据。很快，他就意识到了可以参考这些数据来预测天气。海面上的天气数据通常由海面上作业的船只的船长记录并使用仪器传输给该部门。菲茨罗伊还利用新兴的电报技术收集了英国沿海的 15 处陆地观测点的天气观测数据。大量的数据帮助这位气象学家开创了第一份天气预报（weather forecast，菲茨罗伊本人创造的词汇），这份天气预报还荣登英国主流报纸《泰晤士报》。

但菲茨罗伊的天气预报和所有的天气预报一样，不够准确。有时，天气预报说将有风暴来临，捕鱼船和其他船只只好放弃出海作业，但预报中的风暴却始终没有来临，这给渔民带来了不少损失，激起了许多民众的不满。菲茨罗伊的天气预报也因此颇受争议。

菲茨罗伊一直都有愤怒和抑郁的倾向，大众针对天气预报的批评又给他带来了更多压力。在错失了晋升心仪职位的机会后，在 1865 年 4 月 30 日，菲茨罗伊选择用割喉的方式结束了自己的生命。

本章小结

- 云是由无数水滴组成的。其中，大约 80% 的水滴来自海洋，其余的来自湖和其他水体。

- 大气并不是均匀地包裹着地球，有的地区空气聚集，形成了高压地区，有的地区的大气相对较稀薄，也就有了所谓的低压地区。

- 明显的温差不仅会加剧云层内部和周围的风力，还导致雨和雪的形成。

- 雷和闪电是暴雨云最典型的特征，雷闪现象与冰晶有关。

拓展阅读

- Craig, Diana, *The Weather Book: Why it happens and where it comes from* (London: Michael O'Mara Books Ltd, 2009).

- Moore, Peter, *The Weather Experiment: The pioneers who sought to see the future* (London: Chatto & Windus, 2015).

Part Four

We Have The Technology

第四部分

现代技术

第 **16** 章

充满能量

　　如果没有能量来源，我们所有的现代技术几乎都会失效——汽车需要汽油，笔记本电脑需要电源，自行车需要人力骑行……生命体也是如此，如果不能摄取能量（比如补充食物），生命体将很快无法存续。

但能量究竟是什么？实际上，能量的定义很简单，仅仅是做功的能力。无论是移动一辆汽车，为笔记本电脑供电，还是合成蛋白质都是能量做功的好例子。

势能和动能

能量主要有两种：势能和动能。势能是储存起来的能量，随时准备做功：在重力的影响下，一个放在架子上的花瓶具有一定的势能。而动能是运动的能量，会主动做功：如果花瓶从架子上掉下来，那么它在垂直下落的过程中就具有动能。

事实上，花瓶下落的过程，也是它的势能转化为动能的过程，换句话说，势能和动能可以在一定条件下相互转换。让我们回顾一下，花瓶是怎么到架子上的：通过手臂肌肉的运动，我们赋予花瓶一定的动能，让花瓶上升。一旦被摆放在架子上，花瓶的动能就变成了势能。随后花瓶落下，势能又转化为动能。

刚开始下落的时候，花瓶的势能大于动能。但在下落过程中，越来越多的势能转化成动能，直到它撞到地板前，势能全都转换成了动能。然后，动能让花瓶破裂成碎片。虽然科学家把能量定义为做功的能力，但这并不意味着所做的功必须有用。

不同类型的势能

实际上，势能和动能有很多不同的类型，除了重力势能外，还有弹性势能、化学势能、核势能等。弹性势能是储存在弹性物体中的能量，比如弯曲或压缩的弹簧就具备弹性势能。化学势能是存在于化学键（将原子结合成分子）中的能量。核势能是原子核中质子和中子拥有的能量。电势能是电场中带正电荷或负电荷的粒子的能量。

不同类型的动能

动能可以分为平动动能和转动动能。平动动能是进行直线运动的能量，转动动能是做圆周运动的能量。与势能一样，动能也适用于微观层面，原子和电子都具有动能。

这意味着，安静待在地上的花瓶碎片也具备能量。花瓶碎片可能不再具备任何引力势能或动能，但它们仍然具有化学势能和核势能，围绕原子核旋转的电子也具有动能。这就是物质的内能（internal energy）。

能量和基本相互作用力

不同类型的势能都与第 1 章介绍的 4 种基本相互作用力有关。如果一个物体具有较高的能量，基本相互作用力会试图让该物体回归能量较低的状态。

我们以最容易理解的重力势能为例：重力试图将花瓶从架子上（高能量位置）拉到地板上（低能量位置）。这一原理也适用于其他类型的势能，例如与电磁相互作用力有关的化学势能、电势能，以及与强相互作用力有关的核势能。与处于不同高度的花瓶类似，一些化学键和原子核具有更高的势能，这意味着，重新排列化学键或原子核中的质子和中子可以释放出能量。

由于在动能和势能之间不断转换，能量既不会增加，也不会消失。宇宙中的所有能量从一开始就存在，直到宇宙毁灭前那一刻也仍然存在。这被称为能量守恒，属于热力学第一定律，概括了能量转换或传递过程中的很多特性。

从能量到热量

不过，动能和势能之间的转换，还涉及其他因素。这些因素非常重要，无法忽略，比如我们熟悉的热量。在落地的那一刻，花瓶的势能全部转化成动能，其中一部分动能被用来打破将花瓶连接在一起的化学键，其余的动能则以热量的形式释放出来。

花瓶下落的动能被花瓶和地板的内能吸收，在打碎花瓶的同时，加速花瓶碎片和地板的分子运动。然而，这些分子属于结构稳定的固体材料，因此它们并不能更快地运动，而是会振动得更剧烈。如果气体分子的动能增加，它们才会更快地运动。

随着分子更剧烈地运动，我们可以明显地感觉到物体的温度上升。一般来说，分子运动更活跃（运动更快或振动更剧烈）的物质通常拥有更高的温度。分子可以通过碰撞或推挤将动能传递给相邻的分子，热传递就是很好的例子：如果你加热铁棒的一端，热量会沿着铁棒传递。

不过，原子会释放电磁辐射，释放多余的动能（见第 17 章），让物质逐渐冷却下来。于是，我们不必直接接触铁棒，就能感受到铁棒发出的热量。

化石燃料产生热量

热量是大部分现代能源的基础。事实上，我们在日常生活中使用的几乎所有能源，都需要通过热量来转换。根据 2016 年的数据，全球能源的 96%

都要经过热量转化，其中绝大多数（超过80%）来自石油、煤炭和天然气中的化学势能。正如我们在第13章中所看到的，化石燃料其实是死去的植物和藻类，被埋藏在地下几百万年形成的。现在，我们可以通过燃烧使化石燃料中的化学键重新排列，释放出大量热量。

但因为化石燃料原本是生物遗骸，它们含有大量的碳。燃烧化石燃料会产生大量的二氧化碳，这种气体被认为是全球变暖的罪魁祸首（见第23章）。

尽管煤和天然气可以直接作为燃料使用（烹饪食物或取暖），但我们主要通过燃烧煤和天然气来发电：热量将水转化为蒸汽，蒸汽驱动涡轮，涡轮又驱动发电机产生电能。

高速喷出的蒸汽驱使涡轮机的转子旋转。然后，这种旋转动能被传递到发电机，让磁铁也在金属线圈内旋转。磁场与电流关系密切，这种切割磁感线的运动会产生电流。

电是什么？

电实际上是带电粒子流动所产生的一系列相关现象的总称。我们平时常说的电流是由于电子（带负电荷）运动而产生的，但电子运动的方向与电流方向相反。

事实上，电子的移动速度相对较慢，每秒不到1毫米，但电流的速度却很快，接近光速。这是因为，电子不会从发电站流向我们的房子，相反，发电站会形成一个强电场，这个电场以接近光速传播，驱动电线和电子设备中已经存在的电子运动。正是这种感应运动产生了电流，为我们身边的设备供电。

这一过程还涉及电磁力：在电场作用下，运动的电子会产生磁场。反之也成立，这就是为什么金属线圈相对于磁场运动会产生电流。

另一方面，石油是目前主要的运输燃料，可以在极短的燃烧过程中释放出大量的热量。在汽车发动机内，热量升高，增加了缸内的压力，驱动活塞上下运动，齿轮又将这种平动动能转化为车轮的转动动能。在喷气式飞机上，热量被用来驱动涡轮，涡轮通过高速排出高温空气来产生推力。

生物燃料

燃烧植物和垃圾也能产生热量。我们可以直接利用这些热量，也可以用来发电。此外，这些热量也可以为汽车提供动力——植物和垃圾可以被转化为液体生物燃料，例如生物乙醇和生物柴油。

核势能

最后，我们可以通过原子核的分裂过程，从核势能中获取热量。这一过程是核能发电厂的能量来源，即我们熟悉的"核裂变"：利用中子撞击铀原子，破坏铀原子核中质子和中子的连接，产生新原子（如钡和氪）以及更多中子。这些中子让更多的铀原子分裂，同时产生大量的热量。之后的过程和燃煤发电差不多，这些热量把水变成蒸汽，驱动发电机。

可再生能源

目前，我们使用的能源中，只有大约4%不必经过热量转换。这些能源统称为"可再生能源"，包括风力、海浪、潮汐和水力发电。水或风的运动可以直接驱动涡轮机，不需要借助蒸汽的力量。

只有一种能源既不经过热量转换，也不需要用到涡轮机，那就是太阳能。利用硅的半导体特性（见第18章），光伏电池可以将阳光直接转化为电能。

找到储存方法

尽管化石燃料仍是主要的能源，但太阳能、风能等可再生能源所占能源使用总量的比例正日益上升。可再生能源的主要优势是不会产生二氧化碳，也就不会进一步加剧全球变暖，但可再生能源也存在一些缺陷，比如不方便储存。

大多数可再生能源只在特定条件下产生电能，比如太阳能需要晴朗天气，风能需要刮风环境……这导致了一个问题：可再生能源容易在用电需求较小的时候产生太多电能，而在用电量需求大的时候产能不足。因此，我们需要找到储存过剩电能的方法。

储存这些多余电能的一个简单方法是使用锂离子电池，类似于我们给智能手机和笔记本电脑充电。在2017年，世界上最大的锂离子电池组在澳大利亚的南澳大利亚州投入使用，用于存储附近一个装机容量100兆瓦的风力发电场产生的电力。不过，目前利用锂离子电池储存过剩电力的方式成本还很高，无法大范围推广。

相比之下，抽水蓄能成本更低，也是目前主流的储能方式。利用多余的能量，水泵会将水从较低的蓄水池抽到较高的蓄水池。当用电需求较大的时候，我们只需要打开闸门让水回流到较低的蓄水池，就可以驱动涡轮机发电了。此外，科学家还开发出了几种与蓄水储能类似的储能方式，比如压缩空气储能技术，以及通过搬运石块实现的重力储能技术。

　　另一方面，科学家还在开发能储存更多电能的新电池，其中包括一种氧化还原液流电池。通过特殊离子膜两侧循环流动的电解液，氧化还原液流电池可以实现高效的充放电过程。此外，替换更大的贮液罐（储存电解液的容器）就可以提升这种电池的容量，非常方便。

能量损失

　　然而，热量也有不好的一面，它会逐渐减少宇宙中的可用能量。目前，我们使用的能量转化过程效率很低，会浪费很多能量。举个例子，煤炭燃烧产生热量，热量将水转化为蒸汽，蒸汽驱动涡轮机发电……这一过程中很多热量都消散了，煤炭中蕴含的化学势能只有很少一部分能被我们利用。

　　一台经典发电机产生的电能最多只占产生蒸汽所需能量的38%。这意味着，仅这一个过程我们就损失了62%的化学势能。此外，5%～10%的电能会在电缆传输电力的过程中被损耗，电缆也会因此变得非常热。同样的道理，用电热水壶烧开水所消耗的能量，是用火烧开等量水的3～4倍。

目前，我们所有的能源获取方式（包括太阳能），都会损失大量的能量。损失的能量以热量的形式流失到环境中，而且这种损失是永久性的，我们无法再利用这部分能量。尽管我们习惯利用热量来做功，但扩散到环境中的热量没有任何用处。这部分损失的热量（变得不可用），被科学家称为"熵增"（increase of entropy），是热力学第二定律的基础。

热力学第二定律适用于地球，也适用于整个宇宙。像太阳这样的恒星产生了巨大的能量，但大部分能量都消散在了宇宙中。对于广阔的宇宙来说，这些能量只会让宇宙稍微变暖，没有什么其他用处。正因如此，宇宙中的可用能量总是在不断减少，这对宇宙和人类的未来都有一定潜在的警示意义（见第 30 章）。

$E = mc^2$

毫无疑问，这是科学史上最出名的公式。我们经常可以在 T 恤和海报上看见这个公式，英国"音爆"（Big Audio Dynamite）摇滚乐队在 1986 年发布的一首热门歌曲也以这个公式命名。1905 年，伟大的物理学家阿尔伯特·爱因斯坦（Albert Einstein）提出了 $E = mc^2$，表明了所有的物质其实都是能量。

在这个等式中，E 代表能量，m 代表质量，c 代表光速，即能量等于质量乘以光速的平方。这个公式可以在理论上告诉我们，一定质量的物质可以释放出多少能量，为科学家开发新能源指明了方向。

科学家还通过这个公式推导出一个结论：原子核可以分裂或互相融合，产生大量能量，从而发明了原子弹。此外，这一公式还让科学家研发出了越来越强的粒子加速器——不仅能将物质转化为能量，还能将能量转化为物质。

本章小结

- 能量被定义为做功的能力，无论是驱动汽车、为笔记本电脑供电，还是合成蛋白质都离不开能量。

- 有两种基本的能量：势能（储存起来的能量）和动能（运动的能量）。

- 能量不能被创造或毁灭。这就是我们常说的能量守恒，也是热力学第一定律。

- 分子运动更活跃（运动速度更快或振动更剧烈）的物质通常拥有更高的温度。

- 热量损失，也就是不再可用的能量，被科学家称为"熵增"，是热力学第二定律的基础。

拓展阅读

- Coopersmith, Jennifer, *Energy: The subtle concept* (Oxford: Oxford University Press, 2015).

- Rhodes, Richard, *Energy: A human history* (New York: Simon & Schuster, 2018).

第 **17** 章

什么是波

波的传播总伴随着能量的传输。任何喜欢晒太阳的人都应该体验过这一点，毕竟太阳距离我们大约 1.5 亿千米。

波是一种可以在一定距离内传播的振动。波可以由特定物体的局部运动产生，小到原子、分子，大到吉他弦、地壳的振动都可以产生波。如果你向平静的湖面扔一块石头，可以看到向四周扩散的涟漪。这些涟漪是横波，振动方向与波的运动方向垂直（在垂直上下运动的同时向水平方向扩散）。

另一种经典类型的波是纵波，振动方向与波的运动方向相同。利用由细长金属丝组成的弹簧，我们可以轻易地观察到弹簧纵波——移动弹簧的一端，我们可以看见部分弹簧金属线之间的空隙减小（密部），另一些弹簧金属丝变得更分散（疏部）。纵波还包括在空气中传播的地震波（声波会在空气中形成高低压区域），地震中发生的大部分震动也是由于巨大的声波在地球上传播引起的（见第 11 章）。

波长、振幅和频率

横波和纵波都有三个主要特征：波长、振幅和频率。以最简单的横波——正弦波为例，我们可以很容易理解这些特征（见图 17.1）。尽管大多数人可能不知道正弦波的正式数学定义，但大家都肯定知道正弦波长什么样，因为它实在太经典了。

波长是波在一个振动周期内传播的距离，也是两个连续波峰之间的距离，单位为米。振幅是振动

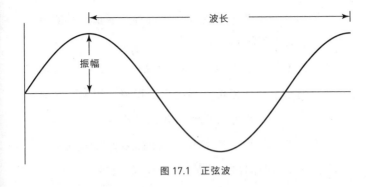

图 17.1 正弦波

物体离开平衡位置的最大距离，对于横波来说，振幅等于波峰的高度或波谷的深度，单位为米；对于纵波来说则要复杂一点，振幅等于密部或疏部的压缩程度。频率是一秒内经过一个固定点的波的数量，单位是赫兹（1赫兹等于1秒内经过一个波或出现一次周期性变化）。

波的另一个重要特性是传播速度，可以通过简单地将频率乘以波长来计算。所以我们可以知道，一个频率为5赫兹，波长为2米的波，以每秒10米的速度传播。

波和能量

运动需要能量支持，小到原子大到地壳的运动都是如此。不断运动的波自然也具有能量，其能量大小反映在振幅和频率上。

很明显，振幅越大的波能量越大。这可以通过声波来证明，振幅与响度直接相关。想象一下海滩上的海浪，小海浪只能轻轻拍打你的脚，但大浪会直接把你打翻。频率也是一个因素，因为频率越高，在一段时间内到达某一点的能量越多。

因此，频率高而振幅大的波具备更多的能量，例如电磁辐射。

电磁辐射

地壳运动会产生地震，拨动吉他弦会产生音乐，快速移动的原子和分子会产生电磁辐射。更准确地说，电磁辐射是由构成原子和分子的带电粒子（电子和质子）的运动产生的。

电磁辐射是一种横波，包括各种不同的波长和频率：从波长几千千米、频率为100赫兹的无线电波，到频率为10^{20}赫兹、波长为1纳米的伽马射线（见图17.2）。不过，我们最熟悉的电磁辐射是可见光。可见光是电磁辐射中很窄的一段，波长为400～700纳米，频率为400万亿～800万亿赫兹。

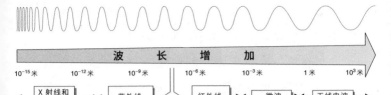

图 17.2　电磁波谱

所有电磁辐射都以光速传播（每秒约 30 万千米）。波的传播速度等于波长乘以频率，由于速度固定，所以电磁辐射的频率和波长呈负相关。世界上没有任何东西可以比光速更快，因此电磁辐射的频率必须随着波长的减少而增加，反之亦然。

虽然电磁辐射是一种横波，但它实际上由两部分组成：电能量和磁能量。事实上，我们可以将电磁辐射视为在宇宙中传播的、不断振荡的电场和磁场。这两部分的传播周期相同（波峰出现的时间一样），但彼此之间是垂直的（磁波看起来就像电波的影子）。

不同的频率

原子和分子发出的电磁辐射没有准确的频率，但有一个频率范围，大小取决于原子和分子拥有多少能量。快速移动或振动的原子和分子（具有大量动能）通常会发射频率更高的电磁辐射。

在单一频率下，电磁辐射以经典正弦波的形式存在，但如果电磁辐射在一定频率范围内发射，各个正弦波就会结合起来产生更复杂的波。这种波远不如经典正弦波规则，正弦波精确的形状取决于各个波峰和波谷如何组合。不过，由于所有的电磁辐射都只是由不同的正弦波组合而成，因此理论上可以将其分解成单独频率的波。

光和颜色

实际上，可见光的频率范围很窄。利用一个棱镜，你可以将阳光分解成不同的颜色（频率）的光，这也是彩虹形成的原理。我们看到的所有颜色本质上只是不同频率的电磁辐射：从 400 万亿赫兹的红光到 800 万亿赫兹的紫光。

看见彩虹

棱镜可以将白光分解成不同颜色的光（不同频率）。在真空中，电磁辐射以光速传播，但通过任何一种物质都会使电磁辐射减速。减速程度最大的是固体，气体的减速程度最小。这就解释了为什么一杯水中的吸管看起来是弯的，因为光线从水到空气过程中会因速度变化而发生偏转。

除了介质以外，电磁辐射的减速程度还与频率有关。白光通过棱镜时，高频光的传播速度比低频光慢，导致白光分裂成许多其他颜色的光。同样的过程发生在雨后的天空中，雨滴代替棱镜形成了彩虹。

光也很容易被悬浮在空气中的分子和其他微粒散射开。散射程度同样取决于光的频率，高频光比低频光更容易被散射。大气中的气体分子散射高频蓝光和紫光比低频红光多，导致蓝光布满天空，所以天空看起来是蓝色的。

我们能看到五彩缤纷的世界，是因为不同的材料能吸收和反射不同波长的光。假如你穿着的 T 恤可以在反射红光的同时，吸收其他所有频率的光，那这件 T 恤看起来就是红色的。

红外线

原子和分子不仅能发出，也可以吸收电磁辐射。不同的原子和分子可以吸收不同频率的电磁辐射，增加自身的能量。这使得这些原子和分子可以更快移动，同时发射出更高频率的电磁辐射。

吸收频率

分子发射或吸收特定频率电磁辐射的特性，为科学家提供了一种识别它们的手段。天文学家可以利用这一特性来鉴别遥远的分子云内包含的元素。

将射电望远镜或红外望远镜对准反射星云（被附近恒星照亮的分子云），科学家会得到不同频率的电磁辐射读数，也就是所谓的"光谱"。如果没有分子云，科学家会得到连续的带状光谱。但由于分子云内的分子会吸收和发射不同频率的电磁辐射，光谱中会出现明线和暗线。

发出特定频率电磁辐射的分子将在光谱中显示明线，而吸收特定频率电磁辐射的分子将显示暗线。通过将光谱与地球实验室产生的光谱进行比较，科学家可以准确识别出大部分形成明线和暗线的分子。

我们在第 16 章了解到，原子和分子加速运动会导致物质（无论是气态、液态还是固态）升温。也就是说，如果一种物质吸收了电磁辐射，那么它的温度就会升高，这解释了为什么晴天的地面温度会比较高。然后，高温物质会释放电磁辐射来降低自身的温度。这些电磁辐射通常是红外线，频率略低于可见光（约 1 万亿～ 400 万亿赫兹）。

无线电波

在红外线频率以下是微波（大约 3 亿～3000 亿赫兹），而在微波以下是无线电波，这种电磁辐射是所有远程通信形式的基础。我们前面提到过，产生低频电磁辐射比产生高频电磁辐射需要的能量更少。因此，产生频率为几百万赫兹的无线电波是相对容易的，我们只需要金属天线上接通变化的电流。随后，天线中的电子流产生无线电波，电波的确切频率取决于电流的变化速度。

了解上述原理之后，我们甚至可以自己编码、发射无线电信号。利用麦克风，我们可以将声音（如讲话或音乐）转换成有规律的电流。声波会引起麦克风内的膜片振动，膜片将振动传导给线圈从而产生电流。最后，有规律的电流被直接传递到天线，发射出无线电信号。

无线电波在传播过程中会不断失去能量，直至消失。一般来说，频率为几千赫兹的无线电波在消失前可以传播约 1600 千米。当然，这些无线电波可以被较小范围内的接收器接收，重新变回声音。与编码过程相反，无线电波可以在接收天线中产生微弱的电流。然后，电流被传输到耳机或扬声器中，在这里，电信号重新转换为声波。

伽利尔摩·马可尼
(Guglielmo Marconi，1874—1937)

意大利发明家、工程师伽利尔摩·马可尼不是第一个发现无线电波的人，无线电波的发现者是德国物理学家海因里希·赫兹（Heinrich Hertz）。为了纪念赫兹的贡献，他的名字后来成为频率的单位。马可尼也不是第一个开发出发射和接收无线电波仪器的人，在他之前，几位科学家已经制造出了这样的机器，包括赫兹和英国物理学家奥利弗·洛奇（Oliver Lodge）。马可尼甚至不是第一个实现远距离传输无线电波的人，他与新西兰物理学家欧内斯特·卢瑟福（Ernest Rutherford）几乎同时完成了这一壮举。然而，马可尼的不凡之处在于，他最早意识到无线电波在远距离通信方面的巨大潜力。

电报的出现标志着信息可以通过电线即时发送，在短时间内传递很远的距离。但科学家并不满足，他们希望找到一种更方便的"无线电报"。许多科学家尝试了各种方法，但都失败了，直到马可尼意识到无线电波可能是"正确答案"。相反，卢瑟福和他的同事只对无线电波的科学意义感兴趣。

马可尼来自一个富裕的家庭，因此他可以在父亲的庄园里进行实验。在 21 岁的时候，马可尼成功把一个无线电信号送到了约 2 千米外。之后，马可尼把他的研究成果带到了英国，在那里他获得了世界上第一个无线电报系统的专利。在接下来的几年里，马可尼持续改进无线电，使信号可以传输更远的距离：1897 年，传输距离达到约 19 千米；1899 年，无线电信号成功横渡英吉利海峡；1901 年，信号在英国和加拿大之间成功传递，横跨了大西洋。毫不夸张地说，马可尼开启了全球通信的现代社会。

与赫兹不同，没有一个物理单位以马可尼的名字命名，但他获得了许多其他荣誉，包括 1909 年的诺贝尔物理学奖。

广播

几乎所有形式的远程通信形式，从收音机到电视，从移动电话到 Wi-Fi，都基于差不多的原理。不过，实现远程通信并没有这么简单，科学家和工程师还需要克服相当多的技术难题。最先出现的问题是：如何将频率仅为几百赫兹的声波，转换为频率几百万赫兹的无线电波。

为了解决这一问题，工程师想出了一种叫作"调制"（modulation）的方法。调制的最早的形式是调幅（amplitude modulation，AM），通过改变高频波的振幅来匹配低频波的波峰和波谷。另一种形式是调频（frequency modulation，FM），通过改变高频波的频率来达到相同的目的，这种形式的优点是受到的干扰较少。这就是存在调幅和调频两种收音机的原因。

电视

电视带来了进一步的挑战：不仅需要传输声音，还需要传输图像。为了实现这一点，工程师们采用了同样的方法，但频率范围更大。黑白图像被转化成数百个反映景物亮度的信号，通过一组频率发送到电视机，组成基础的图像。颜色、声音的信号，以及将不同信号匹配在一起的同步脉冲，也会通过不同的频率发送到电视机上。

然而，越来越多的无线电波不再用来传输声波或视觉图像的物理特征，而只是一串包含 1 和 0 的数字。

于是，我们迎来了数字时代。

本章小结

- 波是一种能在一定距离内传播的振动，可以由某些物体的局部运动产生。

- 有两种典型的波：一种是横波，振动方向垂直于波的传播方向；另一种是纵波，振动方向与波的传播方向相同。

- 运动需要能量支持，因此从运动中诞生的波也具有能量，其能量大小反映在波的振幅和频率上。

- 可见光是电磁辐射的一种，波长为 400～700 纳米，频率为 400 万亿～800 万亿赫兹。

- 其他形式的电磁辐射包括红外线、微波和无线电波，它们构成了几乎所有形式的远距离通信的基础。

拓展阅读

- Goldsmith, Mike, *Waves: A very short introduction* (Oxford: Oxford University Press, 2018).

- Walmsley, Ian A, *Light: A very short introduction* (Oxford: Oxford University Press, 2015)

第 **18** 章

信息超载

　　试想一下，世界上所有图书馆里的全部书籍——从美国国会图书馆到英国乡村最小的流动图书馆，包含有多少信息？大量的知识、观点和经验以文字的形式储存在这些书籍中。

　　然而，所有这些书籍只占目前人类生产信息总量的一小部分，而且这一比例一直在下降。许多信息并不以文字为载体，而是以 0 和 1 组成的字符串的形式存在。

听起来难以置信？想想你每天发送、接收的电子邮件；想想手机上不断更新的社交软件和各类应用；想想你每天播放的音乐和电影；想想你购买、玩的电脑游戏；想想你在手机上阅读的书、报纸和杂志，还有拍下的记录生活的照片；再想想你每天都会花大量时间浏览的短视频。

所有这些信息都以 0 和 1 字符串——也就是二进制数字存在。而这些数字信息的数量正在迅速增长，要求我们不断更新我们的术语。据估计，在 2005 年，人类总共创造、复制和转移了 150 艾字节（约 1500 亿 GB）数据。8 年后，这一数字约为 2000 艾字节（约 2 泽字节）。到 2025 年，这一数字可能会达到 180 泽字节。

布尔和逻辑推理

这一切是怎么发生的呢？从某种程度上来讲，如果我们想要追溯最早的信息数字化过程，离不开一位名叫克劳德·香农（Claude Shannon）的年轻美国工程师。20 世纪 30 年代末，在美国麻省理工学院学习期间，香农对电子开关非常感兴趣。他尤其想知道，能否使用电子开关来实现一种被称为布尔代数的符号逻辑。

布尔代数是英国数学家乔治·布尔（George Boole）在 19 世纪中期发明的，允许逻辑推理通过数学形式表达出来。简单来讲，逻辑推理是根据其他陈述的真假，来确定特定陈述是否为真，这是所有理性论证的基础。举个简单的例子，如果"所有的狗都是哺乳动物"是正确的，且"拉布拉多犬是狗"也是正确的，那么"所有的拉布拉多犬都是哺乳动物"一定是正确的。

布尔指出，这种逻辑推理可以被重新转换为数学公式，其中特定语句的真假是逻辑规则的输入，逻辑规则产生的输出也可以是真或假。上面的例子演示了一个"AND"规则：如果两个输入语句为真，那么输出语句也为真；但如果一个或两个输入语句都是假的，比如我们把"哺乳动物"替换为"爬行动物"，那么输出语句（所有拉布拉多犬都是爬行动物）也会是假的。

艾伦·图灵

(Alan Turing，1912—1954)

克劳德·香农可能是现代电子计算机的先驱之一。此外，还有很多其他人为电子计算机的诞生做出了不小的贡献，例如英国数学家艾伦·图灵。1936年，图灵在一篇学术文章中首先阐述了现代电子计算机的设计理念。图灵设想了一种抽象的机器模型（现在被称为图灵机），可以根据外部指令和机器的内部状态执行某些功能。

1950年，他提出了图灵测试，用来判断一台机器是否具有人类智能。测试者会通过装置（例如键盘）向墙后的人和机器提问，如果测试者无法分辨出答案来自人还是机器，那么这台机器就具有人类智能。

在第二次世界大战期间，图灵在成功破译德国的军事密码中发挥了重要作用，如破译了被德国人自认为不可攻破的的恩尼格玛密码。不幸的是，图灵英年早逝。他在被指控为同性恋后自杀身亡（同性恋在当时是非法的）。

晶体管的发展

由于布尔代数的输入和输出只能采用两个值（真或假），香农意识到这两个值可以用电子开关来表示，即开或关的状态。这意味着，如果将足够多的开关连接在一起，它们应该能够执行逻辑推理。10年之后，随着晶体管的发展，这个想法才真正变为现实。

晶体管本质上是一个微型电子开关，由硅或锗半导体材料制成。顾名思义，半导体有时导电性很好（导体），有时则完全不导电（绝缘体）。我们可以通过控制一些条件，让晶体管在导体和绝缘体状态之间切换，起到开关的作用。

拥有晶体管之后，科学家可以将晶体管连接在一起，执行特定的逻辑功能，产生所谓的"逻辑门"（logic gate）。逻辑门的一个类型——"与门"有两个输入（不是真或假，而是 1 或 0），分别表示电流存在或不存在。如果两个输入都是 1，那么输出就是 1。反之，如果一个或两个输入都是 0，那么输出就是 0。

另外两个基本逻辑门是"或门"和"非门"。在"或门"中，如果一个或两个输入都是 1，那么输出就是 1，只有两个输入都是 0，输出才是 0。而"非门"只有一个输入和一个输出，输入和输出总是相反的。也就是说，在"非门"中，如果输入是 1，输出就是 0，反之也成立。每个逻辑门的输入和输出模式可以用表格来表示，被称为"真值表"（truth table）。

这听起来很简单，但如果把几个逻辑门连接成简单的电路，使一个逻辑门的输出成为另一个逻辑门的输入，那么它们就可以执行基本的计算功能，比如算术。不过，与我们熟悉的十进制计算不同，这种计算只能通过二进制进行，因为可用的数字仅有 0 和 1。

从十进制到二进制

在十进制中，越靠左的数表示的值越大，即相邻两个数字，左边代表的值是右边的 10 倍。举个简单的例子，数字 351 由 1 个一、5 个十和 3 个百组成，如果我们在数字"3"的左边添加另一个数字，那么这个数将代表几千。二进制也是如此，只不过相邻两个数字，左边代表的值仅是右边的 2 倍。于是我们可以知道，二进制数字 1101，由 1 的 1 倍、1 的 4 倍和 1 的 8 倍组成（零表示该数字中没有 1 的两倍）。因此，1101 等价于十进制数 13（1+4+8）。

每个十进制数都有相对应的二进制数，可以通过逻辑门来执行加、减、乘、除运算。但这只是很小一部分，因为不仅仅是十进制数可以转换成二进制，任何类型的信息都可以转换成 1 和 0 的字符串。

将声音转换成 1 和 0

我们以声波为例（见第 16 章）。声波似乎很难转换成 1 和 0，因为声波是连续的，而 1 和 0 只是单个的数字。不过，只需要把声波切成很多细条，测量这些细条中波的振幅，就能得到由声波演化来的一连串随时间变化的十进制数。正如我们之前看到的，十进制数可以很容易地转换为二进制数。

如果我们用在平坦塑料盘上分布的小坑来代表这些 1 和 0（小坑代表 0，平坦代表 1），我们就得到了一盘老式 CD。如果不只是编码声波，这些小坑还编码了亮度和颜色的话，那么我们就得到了一盘 DVD。

二进制数字存储数据

二进制数字是最有效的编码、存储和传输信息的方式，也被称为"比特"，香农早就证明了这一点。假设你想要用字符串的形式表示从 1 到 999 的所有数字，那你最少需要多少个字符串呢？如果将这些数字显示为十进制数，最少需要 29 个字符串（两组 0 到 9 和一组 1 到 9）。

另一方面，如果将数字显示为二进制数，则只需要 20 个字符串（10 组 1 和 0），这样你就可以表示 1024 以内的所有数字了（最大表示 2^{10}）。所有信息都是如此，没有比二进制数字更经济的编码方式了。

比特和字节

"比特"是"二进制数字"的缩写，也是数字信息量的基本单位，1 和 0 序列中的每一位数字包含的信息就是 1 比特。克劳德·香农证明，比特可以用来衡量任何信息中信息量的多少。

信息量通常由两方面的因素决定。首先是确定二进制消息的长度，因为更长的消息可以包含更多的信息。但这显然还不够，因为消息需要传递有意义的信息，否则我们可能会认为一条长的、无意义的消息比一条短的、有意义的消息能提供更多的信息。因此，消息的长度需要乘以这条消息为真或发生的概率，而无意义的消息没有发生的概率，也就没有信息内容。香农开发的公式帮助后来的工程师研发出了更有效的信息编码和传输系统，包括我们熟悉的互联网。

多数计算机系统中，1 个字节是一个 8 位长的数据单位，可以编码 1 个数字或英文字母。字节现在被用作数字内存的计量单位，一个 200GB 的硬盘包含 2000 亿字节或 1.6 万亿比特。但这并不完全准确，1GB 实际上等于 2^{30} 字节（略超过 10 亿字节）。

微处理器

有了香农的理论基础，数字化是必然的趋势。随着晶体管体积的缩小，越来越多的晶体管可以安装在一个硅芯片上。因此，科学家能设计出更复杂的电路，用更先进的方式处理二进制数字。于是，微处理器诞生了，目前最先进的微处理器包含数百亿个晶体管。

此外，微处理器的处理结果可以被其他晶体管储存为二进制数字，产生内存。这些二进制数字可以在存储器和微处理器之间传输，我们也可以通过计算机程序控制微处理器连接不同的部件，引入外部的二进制数字。于是，现代电子计算机诞生了。

现在的电子计算机用途广泛，功能强大。你现在使用的智能手机的计算能力，要比 1969 年把人类送上月球的电子计算机强得多。这些电子设备改变了我们生活的方方面面：从工作到娱乐，从沟通到人际关系……它们可以帮助我们生成、处理海量的信息，为我们提供洞察宇宙真相的机会（见第25章），甚至导致人工智能研究的兴起（见27章）。

摩尔定律（Moore's law）

1965年，著名计算机芯片公司英特尔的创始人戈登·摩尔（Gordon Moore）提出了摩尔定律。这并不是一个法则，更像一个预言。摩尔定律指出，安装在计算机芯片上的晶体管数量每两年将翻一倍。

更多的晶体管意味着计算机芯片可以拥有更快的计算速度和更强的计算能力。这就是为什么现在智能手机的计算能力远远超过以前的超级计算机。尽管摩尔定律最初只是一种猜测，但在过去的50多年里，现实一直像摩尔定律所说的那样发展，计算机的性能也提高了几百万倍。事实上，摩尔定律已经成为计算机行业的一个普遍目标，许多人都在为实现摩尔定律而努力。

不过你可能不知道，摩尔定律一开始描述计算机芯片上的晶体管数量会每年翻一番，但这被证明太困难了。因此，在20世纪70年代，摩尔把晶体管翻倍的时间改为了两年。但即便是这样，实现摩尔定律也变得越来越难了。首先，越小的晶体管制作难度也越大，例如2019年研发的世界上最先进的芯片，它的晶体管只有10纳米（十亿分之一米）宽。此外，太小的晶体管容易漏电，无法正常开启或关闭（见第

27 章）。

科学家正在尝试各种实现摩尔定律的方法，包括采用新设计（例如三维堆叠芯片），使用新材料（例如石墨烯和其他二维材料，见第 19 章）。他们甚至在开发全新的计算技术，比如自旋电子学，其中 0 和 1 被编码在电子的一种被称为"自旋"的属性中，而不是在它们的电荷中（见第 25 章）。

本章小结

- 布尔代数的输入和输出只能采用两个值（真或假），因此可以用电子开关来表示。

- 晶体管是一种由硅或锗半导体材料制成的微型电子开关。

- 多个晶体管可以连接在一起执行特定的逻辑功能，产生逻辑门，比如"与门""或门"和"非门"。

- 二进制数字是编码、存储和传输任何信息最经济的方法。

- 摩尔定律指出：安装在计算机芯片上的晶体管数量每两年将翻一倍。

拓展阅读

- Gleick, James, *Information: A history, a theory, a flood* (London: Fourth Estate, 2011).

- Soni, Jimmy and Goodman, Rob, *A Mind at Play: How Claude Shannon invented the information age* (New York: Simon & Schuster, 2017).

第 **19** 章

新材料

　　胶带并不是什么重大科学发现，但它却帮助科学家研发出了一种重要的新材料。2004年，一个周五的晚上，英国曼彻斯特大学的两位科学家安德烈·海姆（Andre Geim）和康斯坦丁·诺沃肖洛夫（Kostya Novoselov）正在摆弄一块石墨——他们用胶带从这块石墨上分离出一层层很薄的石墨。

石墨是碳的同素异形体，也是一种完全由碳原子构成的材料，和钻石一样。但由于碳原子在石墨和金刚石中的排列方式不同，因此这两种材料具有不同的物理性质。

在钻石中，每个碳原子与其他4个碳原子结合，形成一个四面体。这样的结构使钻石成为已知的最坚硬的天然材料，同时具备闪闪发光的特性。另一方面，石墨由很多层碳原子组成，每个碳原子与其他3个碳原子结合，形成一个扁平的六边形晶格，看起来有点像铁丝网。石墨由很多层组成，因此足够柔软，可以用作润滑剂。此外，石墨是黑色的，不像钻石那样闪闪发光的，石墨还能导电。

石墨和石墨烯

海姆和诺沃肖洛夫利用胶带从石墨块中提取出了一层只有一个原子厚的碳，制造出一种新的碳同素异形体，被称为"石墨烯"（graphene）。尽管很早之前就有人预测了石墨烯的存在，但在海姆和诺沃肖洛夫之前，没有人能成功分离出这种物质。最令人兴奋的是，海姆和诺沃肖洛夫测试了石墨烯的性能，发现石墨烯是一种透明、韧性好、强度很高的材料。事实上，石墨烯是已知强度最高的材料，而且拥有很好的导电性，其导电性比用作电缆材料的铜还要好。

事实证明，石墨烯只是一个开始。石墨烯的发现激励了包括海姆和诺沃肖洛夫在内的很多科学家，促使他们去寻找其他由单个原子层组成的材料。于是，在短时间内，涌现出了相当多的新材料，由于这些材料都很薄，没有有效深度，因此也被称为"二维材料"。

二维材料

很多不同的元素都可以形成二维材料。这些二维材料都带有"-烯"后缀，比如硅基的硅烯，磷基的磷烯。分子同样可以形成二维材料（由一层分子而不是一层原子组成），例如六方氮化硼（氮化硼形成的二维材料），也被称为"白色石墨烯"。这种二维材料具有和石墨烯一样的六边形结构，但由硼原子和氮原子交替组成。还有新型二维材料二硫化钼，由一层钼原子夹在两层硫原子之间组成。

这些二维材料具有各种不同的性质。不同于石墨烯是一种非常高效的导体，六方氮化硼是一种绝缘体，这意味着它的导电性非常差。二硫化钼介于两者之间，导电性不如石墨烯等导体，但优于六方氮化硼，因此二硫化钼是一种半导体。

异质结构

现在，科学家正在研究将不同的二维材料堆叠在一起所形成的异质结构会具有什么样的特性。如果把大量的石墨烯层堆叠在一起，我们会得到大块石墨；如果把大量的二硫化钼层堆叠在一起，我们会得到大块二硫化钼。然而，如果把石墨烯层和二硫化钼层堆叠在一起，那么我们会得到一种自然界不存在的材料。这种材料可能具有一些非常有趣的特性。

这就是研究新材料的意义：研发出具有新特性的材料，可以完成现有材料无法完成的任务，让科学家既能改进现有的技术，也可以开发出全新的技术。石墨烯和其他二维材料，以及由二维材料制成的异质结构，已经被用于研发下一代计算机电路（见第18章）、太阳能电池、其他新型电池和生物传感器。

新材料的研发

上面提到的那些材料只是新材料当中很小的一部分。随着合成工艺、分析技术和计算机建模的发展，研发新材料也变得更加容易。很长时间以来，研发新材料（例如合金）都是一个反复尝试的过程：科学家根据直觉添加不同的化合物，观察反应后出现的新物质的特性。

现在，科学家可以用最新的分析技术探测材料的原子结构，制作出详细的计算机模型。他们可以在研发初期更多地了解手上的材料和它们的性质。这样一来，科学家能够集中力量，更快速地创造出新材料。

高熵合金和钙钛矿

高熵合金就是其中一种新合金，由4种或4种以上比例相似的不同金属元素组成。传统合金是由一种主要成分和一到两种次要成分组成的，例如钢的主要成分是铁，次要成分是少量的碳。高熵合金比传统合金拥有更高的强度，韧性也更好，能适应更高的温度，同时也更耐腐蚀。

有一种被称为"钙钛矿"的晶体材料显示出

作为太阳能电池中硅替代品的巨大潜力。钙钛矿是一组具有相同基本化学结构的材料，由特定比例的有机阳离子、无机阳离子和卤化物阴离子（如碘化物、溴化物或氯化物）组成。这意味着，利用不同的阴离子和阳离子，科学家可以生产出具有不同性质的各种钙钛矿。

与硅类似，一些钙钛矿材料能够将阳光转化为电能。然而，与硅不同的是，钙钛矿的韧性要高得多，甚至可以像报纸那样弯曲和对折。这样的特性可能会大幅降低太阳能电池的成本，扩大太阳能电池的应用范围。

拓扑绝缘体

拓扑绝缘体也是一种不同寻常的材料。传统材料可以是导体、绝缘体或半导体，这取决于材料自身的导电性，但传统材料一定属于这三种材料之一。

然而，对于像碲化铋这样的拓扑绝缘体来说，情况就不同了。碲化铋的内部是绝缘体，表面却是导体。事实上，拓扑绝缘体表面看起来是非常好的导体，科学家甚至认为它们可以成为高温超导体的基础。与普通导体不同，电流经过超导体时不会因失去热量而损失电能，科学家可能利用这一特性研发出更高效的电力线路和电机。然而，所有已知的超导体都需要温度极低的工作环境（零下数百度），因此科学家希望找到能在更高温度下工作的超导体。

此外，拓扑绝缘体可能应用于"自旋电子"计算机（见第 18 章）和量子计算机（见第 27 章）。拓扑绝缘体是量子材料的绝好例子，它们从亚原子粒子的量子行为中获得了不同寻常的特性（在这个例子中，亚原子粒子指的是电子）。

之前提到的石墨烯也是一种量子材料。石墨烯只有一个原子厚，因此会受到量子效应的影响（见第 25 章）。这赋予了石墨烯一些令人印象深刻的特性，很多其他纳米材料也是如此。

纳米材料

纳米材料是指在三维空间中至少有一维处于纳米尺度（1 ～ 100 纳米），或由它们作为基本单元构成的材料。也就是说，纳米材料的大小差不多与分子和蛋白质处于同一量级。目前，科学家已经开发出了一系列具有明确形状和结构的纳米材料，更重要的是，这些纳米材料往往会表现出与更大尺度的材料完全不同的特性。

黄金

大家都知道，黄金是金色的。每个略微了解化学的人也知道，黄金是一种惰性金属，不容易发生化学反应。但如果我们把一块金子变成无数的纳米颗粒，情况就会发生改变。

纳米尺度的黄金会呈现出一系列不同的颜色，发光的具体颜色（或频率）取决于纳米颗粒的大小和形状。例如，20纳米宽、60纳米长的棒状金纳米颗粒会发出明亮的红光。这就是所谓的"荧光"，而普通的黄金不会发出荧光。

金纳米颗粒也具有催化作用，这意味着它们可以加速某些化学反应，但其自身在化学反应前后保持不变。一个化学反应的发生通常需要某种形式的能量（热量，也就是一定的温度），但催化剂能减少这种能量需求，因此催化剂本质上可以帮助反应发生。金纳米颗粒能够催化氧化反应（氧化反应最简单的形式是向分子中加入氧原子）。

对于不易发生反应的惰性金属来说，这是一种惊人的转变，就像一个害羞、内敛的人，在派对上多喝了几杯酒后变得外向、开朗。产生这种现象的原因其实很简单：金纳米颗粒比金块有更大的表面积，为相互作用提供了更多的接触面积。此外，量子效应在纳米尺度上可以发挥更重要的影响。尽管对于金块来说，这些效应非常微弱，产生的影响可以忽略不计，但在纳米尺度上，这些效应让金纳米颗粒可以发出荧光以及催化某些反应。

纳米粒子有更大的表面积

更小的粒子拥有更大的相对表面积。这种现象可以用一个简单的盒子来演示：假设你有一个边长10厘米的正方形盒子，这个盒子的体积为1000立方厘米（10×10×10），总表面积为600平方厘米（10×10×6）。

现在，假设你拥有两个正方形的小盒子，每个小盒子刚好是之前盒子的一半大（小盒子的体积是500立方厘米）。因此，每个小盒子的边长约为7.94厘米（7.94×7.94×7.94 ≈ 500），表面积为378平方厘米（7.94×7.94×6），两个盒子的总表面积为756平方厘米。

现在我们知道了，两个体积仅为大盒子一半的小盒子，总表面积比大盒子多25%以上。此外，两个小盒子的表面积与体积之比（0.756:1）也比一个大盒子（0.6:1）大。

因此，如果你把一定量的物质分解成越来越小的粒子，粒子的总表面积就会增加，表面积与体积的比率也会变大。

足球烯和碳纳米管

除了石墨烯，还有几种碳基纳米材料。一种是由 60 个碳原子构成的分子，因为形似足球所以取名足球烯，另一种是由碳原子组成的碳纳米管，有点像卷起来的一层石墨烯。事实上，一种生产石墨烯的方法就是将碳纳米管从中间切开并展平。不幸的是，把石墨烯变回碳纳米管相当困难。

3D 打印技术

目前，科学家不仅在研究开发新材料，还在探索处理现有材料的新技术。在传统的生产过程中，无论是切割还是浇筑，都会使原材料（金属、塑料等）产生大量无用的碎屑。这样的生产过程十分浪费，也增加了生产成本，只有在大量生产完全相同的产品（即大规模制造）时，单个产品的成本才会降低。

与传统生产方式不同，3D 打印技术 —— 也被称为"增材制造"（additive manufacturing）—— 会基于计算机上的设计，自下而上地逐层构建产品。很多材料都可以用于 3D 打印，例如使用熔融的塑料来构建想要的产品，冷却后塑料会迅速凝固；又比如利用激光束照射金属粉末，使它们融合在一起；又或者用光刺激响应聚合物液体来制作产品，一旦激光以特定模式照射这种液体，聚合物液体就会开始凝固。

无论采用哪种方式，3D 打印技术都不像传统生产方式那样浪费，因为它不会产生废弃物，任何剩余材料都可以被重复利用。这一技术也更加灵活——我们可以很方便地调整或定制产品，只需要改动一下计算机的设计图。此外，3D 打印是一层一层打印产品的，因此也能突破部分传统工艺的限制，更方便地生产复杂产品。

然而，目前 3D 打印技术并没有完全取代大规模制造。因为相较于传统的大规模生产，3D 打印不仅速度较慢，成本也更高。不过，3D 打印也在某些领域找到了用武之地，例如生产完全适配个人脚型的鞋子、打印更轻的飞机部件等。随着成本不断下降，3D 打印技术将对更多领域产生影响，科学领域也不例外。未来，3D 打印技术或许可以提高生产科学仪器与设备的效率。

本章小结

- 石墨和钻石都是碳的同素异形体。它们都由碳原子构成，但碳原子的排列方式不同。

- 石墨烯是只有一个原子厚的碳原子层。它透明、柔韧、强度很高，比铜的导电性更好。

- 随着合成工艺、分析技术和计算机建模的进步，越来越多的新材料正在加速诞生。

- 从量子效应或亚原子粒子的量子行为中，量子材料获得了很多不同寻常的特性。

- 纳米材料是指在三维空间中至少有一维处于纳米尺度（1～100 纳米）的材料。

拓展阅读

- Clegg, Brian, *The Graphene Revolution: The weird science of the ultra thin* (London: Icon Books, 2018).

- Miodownik, Mark, *Stuff Matters: The strange stories of the marvellous materials that shape our man-made world* (London: Penguin Books, 2014).

第**20**章

生物技术

几千年来，人类一直巧妙地运用生物技术来改善自己的生活，例如利用酵母生产面包和啤酒。但在利用生物体制造产品的过程中一直受到生物体自身能力的限制。比如，酵母可以将糖转化为酒精，可以产生二氧化碳使面包体积膨胀，但酵母不能将糖转化为汽油。

凭借现代基因工程技术，科学家已经开始设计可以将糖转化为汽油的酵母菌株了。不止如此，科学家们还计划生产其他有用化学品（如药物或塑料）的酵母菌株，或者是可以清理污染（如石油泄漏）的酵母菌株。

科学技术的发展使科学家们可以编辑生命的基因，使生命表现出理想的性状，就像我们可以根据需求定制电脑和汽车一样。科学家不仅能改造有机体，还能使它们按我们的意志行动。也就是说，我们可以控制这些生命做任何我们希望的事，无论好坏。

通向现代遗传学的道路

转移基因

要想了解这一过程的来龙去脉，我们需要追溯到 1973 年。那时，科学家第一次实现了物种间的单个基因转移。正如我们在第 6 章中看到的，基因提供了制造蛋白质的指令，而蛋白质既是生命的基石，也是生命的催化剂。一个有机体的全部遗传信息，即它的基因组，为科学家提供了构建和控制这个有机体的指导手册。

　　尽管大多数生物都有自己独特的基因组，但每个基因组都是由完全相同的 4 种 DNA 碱基组成的，只是排列顺序不同。这意味着，来自一个有机体的基因，在另一个有机体中应该同样可以发挥作用。如果把生命看作一个电脑程序，那么它们采用的编程语言是相同的，拥有一样的底层逻辑。也就是说，如果一个基因编码的蛋白质为生物体提供了一种有用的能力，那么将这个基因转移到另一个生物体内，应该也能赋予后一生物体相同的能力。

质粒载体

　　在生物体之间主要有两种转移基因的方式：质粒载体和病毒载体。质粒是在许多细菌中发现的环状 DNA 链，独立于主要细菌染色体存在和繁殖。通过质粒的转移，细菌可以将某些遗传能力（例如抵抗某种抗生素的能力）传递给其他细菌。

　　20 世纪 70 年代早期，科学家开发出了一种技术，可以从一个生物体的基因组中剪切出一个基因，并将其整合到一个专门制备的质粒中，然后将整合后的质粒导入细菌、真菌或真核细胞中。根据质粒的性质，它要么独立于宿主细胞的染色体，要么融入其中。无论哪种方式，质粒都可以被设计成通过宿主细胞的蛋白质合成机制表达新基因，为宿主细胞提供新能力。

相对困难的部分是将质粒送入宿主细胞。不过，好在有很多方法都可以实现这一点。实际上，细菌是相当"开放"的，它们很乐意吸收添加到培养基中的质粒，但真菌和真核细胞往往有点"保守"。要让质粒进入真菌和真核细胞，要么需要在它们的细胞壁或外膜上打孔，这可以通过施加短电击来完成；要么将质粒插入真菌和真核细胞乐意吸收的载体中，例如被称为"脂质体"的脂肪囊泡。又或者，质粒可以附着在微小的金属颗粒上，被直接注入细胞中。

病毒载体

病毒载体可以有效规避这个问题。首先，科学家会将剪切出的基因添加到病毒的 DNA 中。病毒本质上是被蛋白质外壳包裹的 DNA（或 RNA）链，但它们很擅长将自己的 DNA 注入其他细胞内。随后，科学家刺穿细胞膜或细胞壁，将病毒注入宿主细胞内。一旦进入宿主细胞，病毒 DNA 要么融入细胞基因组，要么欺骗宿主细胞的蛋白质合成机制，将携带的基因表达为蛋白质。

不同的病毒可以感染的细胞种类也不同，因此科学家挑选了几种合适的病毒，以它们为基础来制备病毒载体。科学家修改了这些病毒的能力——增强了它们传递基因的能力，一定程度上消除了它们伤害宿主的能力。不过，在极少数情况下，这些病毒还是会对宿主造成伤害。

转基因生物

在过去的半个多世纪里，科学家利用质粒载体和病毒载体，创造出了大量携带外源基因的生物，也就是所谓的"转基因生物"（Genetically Modified Organism，GMO）。现在，科学家创造出的各种转基因微生物，可以生产多种药用蛋白质，包括人胰岛素、人生长激素和人凝血因子Ⅷ（帮助血液凝结，可用于治疗血友病）。转基因作物，例如改良后的玉米和大豆，可以不受某些除草剂的影响，或者分泌一种天然杀虫剂。现在，转基因作物在世界各地都有种植。不过，转基因动物没有那么普遍，但我们可以经常在实验室见到带有人源基因的转基因小鼠。科学家会利用这些转基因小鼠来研究人类疾病。

克隆动物

基因技术也在不断进步。颇有争议的是，科学家现在已经能克隆动物了，也就是产生基因型完全相同的个体。实际上，克隆技术相当于在创造一个已经出生的生命体的同卵双胞胎。

克隆技术的大概流程如下：科学家首先取出一个卵子，也就是一个雌性配子（见第8章）。然后，科学家用克隆动物细胞的细胞核（比如皮肤细胞的细胞核）取代卵子的细胞核。再然后，科学家短暂地电击卵子，让它开始分裂。分裂4～5天后，卵子变成了一个发育初期的胚胎（被称为"囊胚"）。最终，囊胚会被植入雌性同物种生物的子宫内。一段时间后，一个克隆体就诞生了。

科学家克隆出的第一只哺乳动物是著名的绵羊多莉，出生于1996年。从那时起，科学家们开始尝试克隆其他哺乳动物，如猪、马和狗。克隆动物本身不会带来多大好处，但同样的技术可以用于产生干细胞，具有巨大的医疗潜力。

克隆羊多莉
(Dolly the sheep，1996—2003)

苏格兰爱丁堡附近的罗斯林研究所的伊恩·威尔穆特（Ian Wilmut）领导的科学家团队成功克隆出了多莉（世界上第一只克隆动物）。参考本章描述的大概克隆流程，我们可以清晰地理解多莉的诞生过程，科学家利用一只 6 岁大的绵羊的乳腺细胞克隆出了多莉，并以著名的乡村歌手多莉·帕顿（Dolly Parton）的名字为它命名。

克隆多莉的过程充分展示了克隆哺乳动物有多困难。科学家总共进行了 277 次克隆实验，多莉是唯一长到成年的个体。此外，多莉还患有肺病和急性关节炎，绵羊的预期寿命通常为 12 年左右，但多莉却只活了 6 年多。

目前科学家还不清楚，克隆是不是导致或加剧这些疾病的原因。有人指出，使用成体细胞克隆后代可能会缩短后代的寿命，因为成体细胞已经经历了一段时间的老化。

干细胞

胚胎干细胞

干细胞（stem cell）是可以无限增殖的体细胞。我们的身体包含许多不同类型的干细胞，它们能产生新细胞来取代那些已经死亡的细胞，但大多数干细胞只能产生有限类型的细胞。胚胎干细胞是最标准的干细胞，只存在于发育初期的胚胎中。

胚胎干细胞就像细胞的空白模板，能产生220种不同类型的体细胞。通过反复分裂，胚胎干细胞可以产生更多的干细胞和分化程度更高的其他细胞（最终成为某种特定类型的细胞）。由于具备这样的特殊能力，胚胎干细胞也被称为"全能干细胞"；发育潜能受到一定限制的干细胞被称作"多能干细胞"或"单能干细胞"。

治疗性克隆的最终目的是用于干细胞治疗，而不是得到克隆个体。首先，科学家会利用克隆技术创造出与某种进行性疾病（随时间推移，组织或器官不断恶化）患者的基因完全相同的囊胚。然后，科学家会从这些囊胚中提取胚胎干细胞，在实验室培育出特定类型的细胞或整个器官。最终，这些细胞或器官会被移植到患者体内。在基因层面上，这些细胞和器官与患者原本的没什么不同，因此移植后患者不会出现排异反应。例如，如果将胚胎干细胞转化为神经元，科学家或许可以治疗阿尔茨海默病（发病原因可能是神经元大量丢失，见第10章）。

在经历了多年潜心研究以及一次虚假的成功（见第21章）之后，科学家终于在2013年成功克隆出了第一批人类的胚胎干细胞。不过，这已经不重要了，因为现在科学家有了争议更小的干细胞技术。

诱导性多能干细胞

治疗性克隆存在较大争议，因为这种技术涉及破坏人类囊胚。尽管囊胚仅由几百个细胞组成，但许多人认为，摧毁在实验室内创造的人类胚胎也是不符合伦理道德的。幸运的是，科学家在2006年发现，只要在某些成体细胞（包括皮肤细胞和脂肪细胞）中引入3～4个特定基因，就可以让这些细胞转化为具有许多胚胎干细胞特性的细胞。

这些细胞被称为"诱导性多能干细胞"（induced pluripotent stem, iPS），可以提供一种几乎不会引起争议的方法来生产与特定疾病患者基因相同，且不会被患者免疫系统排斥的细胞。科学家证明，将诱导多能干细胞暴露在特定蛋白质和其他分子组成的培养基中，就可以分化成各种类型的细胞，包括肝细胞、胃壁细胞和神经元。不过，目前科学家还没有尝试将分化出的细胞移植到患者体内。

好消息是，科学家已经利用诱导性多能干细胞培育出了各种类器官（包含代表器官一些关键特性的细胞培养物），包括脑和肠道类器官。这些类器官可以在一定程度上揭示真实器官的发育过程及其面对疾病的反应。此外，科学家已经找到了利用诱导性多能性干细胞培育器官的简便方法，这对于需要器官移植的患者来说是一个好消息。科学家不需要从头开始培育器官，而是从动物（例如猪）身上提取胚胎。然后，科学家通过一种新的基因编辑技术，敲除促进患者所需器官（例如心脏）发育的基因。接下来，科学家将从患者身上提取的诱导性多能干细胞注入猪胚胎，再将胚胎植入母猪的子宫中。

科学家认为，随着发育的进行，胚胎只能利用诱导性多能干细胞中的基因来制造心脏，因为胚胎原本关于心脏发育的基因已经被敲除了。这意味着，猪胚胎应该拥有一个与患者基因相同的人类细胞构成的心脏，这个心脏非常适合器官移植。当然，这项研究仍处于早期阶段，科学家目前需要解决的问题是：通过这种方式形成的用于移植的器官只包含很小一部分人类细胞。

CRISPR 基因编辑技术

科学家本就可以在敲除原本基因的同时插入新基因，但利用一种名为"CRISPR-Cas9"的基因编辑技术，科学家可以更快、更精确地完成这一过程。

CRISPR 是"规律间隔成簇短回文重复序列"的缩写，是多种细菌基因组内的一段重复序列，而Cas9 是一种可以切割 DNA 链的酶。在细菌体内，CRISPR 编码的 RNA 链能够与感染细菌的病毒DNA 结合。这种结合为 Cas9 指明了进攻的目标，于是 Cas9 会开始切割病毒 DNA，使病毒 DNA 失去活性。

CRISPR-Cas9 系统可以保护细菌免受病毒感染的威胁。然而，科学家意识到，他们可以利用CRISPR-Cas9 来进行基因编辑。这一过程的大概流程是这样的：科学家首先制备出一条能与细胞基因组中特定基因结合的 RNA 链。然后，科学家将这条RNA 链和 Cas9 一起送入细胞。特定基因与 RNA 链结合，为 Cas9 指明攻击目标。于是，Cas9 开始切割基因，使基因失去活性。此外，科学家还发现，如果他们在 Cas9 切割基因的同时插入一个新基因，那么这个新基因会在旧基因失活的位置并入基因组。在此之前，科学家一直在努力尝试，想将外源基因插入目标基因组中的特定位置。

CRISPR-Cas9 具备治疗多种疾病的巨大潜力，引起了科学界的广泛关注。很多疾病（例如镰刀型细胞贫血病）就是由一个有缺陷的基因引起的，科学家可以利用 CRISPR-Cas9，让可以正常表达的基因取代有缺陷的基因。这种基因编辑在早期胚胎中最有效，因为基因层面的修复会被传递到所有生长中的体细胞。然而，在有关这项技术的安全和伦理问题得到解决前，科学家呼吁不要在人类身上使用这项技术。

合成生物学

在遗传学方面，还有另一项重要进展。科学家现在可以将一组外源基因（而不仅是单一的基因）插入生物体中。通过这种方式，科学家能够转移更复杂的性状和能力。不仅如此，这种新技术还可以增强部分原有基因的活性，让这些基因表达更多的蛋白质。或者降低基因的活性，在准确敲除现有基因的同时添加新基因。这一技术被称为"合成生物学"（Synthetic biology），可以赋予生物体更高级的能力。例如，科学家已经开发出可以将糖转化为工业化学品和燃料类化合物的转基因生物。合成生物学的迅速发展得益于越来越多的生物进行了基因测序（见第 7 章），进一步拓展了现有基因库的规模。

除此之外，科学家还能化学合成 4 种 DNA 碱基，并将它们连接成链。这意味着，科学家可以按自己设计的顺序制造特定的 DNA 序列。2010 年，美国科学家就利用这项技术创造出了完全由人造基因控制的单细胞细菌。

尽管这算是开启"人造细胞"的新时代的重要突破，但遗憾的是，这个人造基因组几乎是天然细菌基因组的精确复制品。不过，科学家一直在尝试从这个人造基因组中敲除基因，以找到可以让细菌存活的最简版本。

道德困境

目前，科学家的目标不是简单地复制自然基因组，而是创造出全新的基因序列，赋予生物新的、实用的能力，例如将糖转化为汽油等。多亏了基因技术的大规模自动化，这一目标很有希望达成——

最新的生物实验室每天可以创造和测试 15 000 种不同的人造基因序列。

然而，就像治疗性克隆技术一样，这种编辑、修改生命的技术同样也引发了一系列道德和伦理问题。在这些问题尘埃落定之前，我们或许应该对上述技术保持谨慎的态度。

本章小结

- 由于组成基因的 4 种碱基都是相同的，因此来自一个生物体的基因可以在另一个生物体内表达。

- 在过去的半个多世纪里，科学家创造了一大批带有外源基因的生物，也就是我们常说的"转基因生物"。

- 治疗性克隆的目的是从囊胚中提取胚胎干细胞，然后培育出在基因层面上与患者相同的生物组织。

- 科学家发现，某些成体细胞可以转化为具有许多胚胎干细胞特性的细胞，被称为"诱导性多能干细胞"。

- 科学家现在可以转移和编辑基因组。通过这种方式，科学家可能为生物引入更复杂的性状和能力。

拓展阅读

- Metzl, Jamie, *Hacking Darwin: Genetic engineering and the future of humanity* (Chicago: Sourcebooks, 2019).

- Mukherjee, Siddhartha, *The Gene: An intimate history* (London: Vintage, 2016).

Part Five

When Science Goes Bad

第五部分

科技的副作用

第 **21** 章

欺诈、造假和幻想

2009 年 10 月，韩国干细胞科学家黄禹锡因挪用研究资金和非法买卖人体卵子而被定罪，被判处有期徒刑 2 年，缓期 3 年执行。

同时因学术造假，他于 2004 年和 2005 年相继发表在《科学》（Science）杂志上的两篇研究论文被撤回。这两篇论文详细介绍了黄禹锡在干细胞研究领域取得的惊人进展。在第一篇论文中，黄禹锡声称他从克隆的人类胚胎中提取出了胚胎干细胞，这是治疗性克隆技术的重大突破（见第20章）。在第二篇论文中，他声称先前的研究得到了进一步发展。他从糖尿病和脊髓损伤病人提供的组织里提取出了胚胎干细胞，有可能为治愈这些疾病甚至其他目前难以治愈的疾病提供新的方法。

这些成就曾让黄禹锡在全球享有盛名，甚至一度成为韩国的民族英雄。可惜为他带来声誉的研究存在造假的情况。黄禹锡和他在韩国首尔大学的研究团队的部分成员编造了大量实验数据。研究中所提及的干细胞要么不存在，要么不是从克隆的胚胎中提取的。黄禹锡还购买了大量人类卵子，其中一些卵子甚至来自他团队的女性研究人员，这是对医学伦理的严重挑战。

学术欺诈案件

有时，学术欺诈行为可能会让科学家面临牢狱之灾。

2006年，美国伯灵顿市佛蒙特大学的埃里克·波尔曼（Eric Poehlman）成为美国第一个在没有造成人员死亡的情况下，因学术欺诈行为而入狱的科学家。在此之前，他的研究工作主要涉及前更年期和肥胖症。据他的供述，他曾在15个联邦科研经费申请以及10篇论文中造假，包括捏造病人等行为。

2015年，美国爱荷华州立大学的前生物医学科学家韩东平（Dong-Pyou Han）被判处57个月的监禁，并被处罚金720万美元。因为他在人类免疫缺陷病毒（HIV）疫苗研究项目中伪造了数据。为了证明疫苗在抵御人类免疫缺陷病毒方面的有效性，韩东平曾使用添加了HIV抗体的兔子血液样本进行实验。

其他领域的学术欺诈

当然，学术欺诈不仅仅出现在生物医学领域，尽管看起来这一领域的学术欺诈行为确实较为普遍。或许更诱人的经济利益和声望让部分生物医学科学家们打算铤而走险。也可能是因为生物医学对透明度的强调使得欺诈行为更有可能被曝光。

实际上，几乎在所有的学科领域都出现过学术欺诈行为，比如化学、物理学、环境科学、心理学和考古学等。

有机电子学领域也出现过一例极其严重的学术欺诈案件，该领域使用塑料等碳基材料而非硅来开发电子和计算设备。1998年，32岁的物理学家扬·亨德里克·舍恩（Jan Hendrik Schön）加入了美国新泽西州著名的贝尔实验室，随后他在科学期刊上发表了大量论文。论文中报告了他在有机电子学领域研究的重大进展：用有机分子制造出了世界上第一个有机电激光器；从被称为巴基球的碳纳米材料中生产出超导体的情况（见第19章）。大多数超导体只在极低的温度下工作，但舍恩声称他的巴基球超导体能够在更高的温度下工作。仅在2000年一年，舍恩就在《科学》和《自然》这两个最著名的科学杂志上发表了8篇论文。

凭借这些突破，舍恩揽收了大量奖项，并被普遍认为有望获得诺贝尔奖。但不幸的是，这一切都是一个谎言，舍恩并没有取得这些惊人的突破。当其他研究小组无法复制他的实验时，学者们就已经产生了怀疑。但事情的最终败露是由于舍恩竟然在不同的论文中使用完全相同的图表来说明不同的发现。造假行为在2002年被曝光后，舍恩立即被贝尔实验室解雇。

不存在的缺失环节

不过，也许有史以来最著名的学术欺诈事件非"皮尔当人事件"莫属。它远远超出了欺诈的程度，是一场彻头彻尾骗局。1912 年，一位名叫查尔斯·道森（Charles Dawson）的英国律师兼业余考古学家宣布，他发现了一个古人类头骨的化石。这个发现曾被认为是证明人猿进化到人类的重要一环。查尔斯·道森将这个重要的"人"命名为"皮尔当人"（Piltdown Man）。因为他称这些化石碎片是在英国萨塞克斯的皮尔当村被发现的。

这个惊人的发现一经问世就激起了科学家们的质疑。但在接下来的 40 年里，"皮尔当人"的真实性还是被广泛认可的。然而，后续真正的早期人类遗骸出土后，科学家们意识到"皮尔当人"是进化史上的反常现象。

最终，在 1953 年，当时最新的年代测定技术将这场科学骗局的秘密公之于众——"皮尔当人"的头骨化石实际上是由一个中世纪的无颌人类头骨和一个猩猩的下颌骨组成的。这场骗局的幕后黑手至今无法确定，尽管许多证据都指向化石的发现者——查尔斯·道森。

数据调整

当然，惊动学界的重大学术欺诈事件还是相当罕见的。更为常见和普遍的是那些不太严重的数据调整和伪造。科研过程中，想要得到可靠的数据并不是一件容易的事，所以调整和伪造数据的情况并不少见，科学家们也因此不愿意承认自己的不当行为。近年来，不少针对数据处理的匿名调查为我们呈现了更多信息。

2009年，爱丁堡大学的一名研究人员回顾了大量针对数据处理的调查。他发现，只有2%的受访科学家承认自己至少有过一次伪造或篡改数据的行为。

在另一项调查中，34%的受访科学家承认自己有其他不当的研究行为，包括"不呈现与自己先前研究相矛盾的数据"和"根据直觉认定观察结果和数据不够准确，并从分析中将其删除"等。当被要求报告同事的不当行为时，14%的受访者表示他们知道有同行捏造、伪造或篡改数据的情况，超过70%的受访者表示知道曾有同行实施过其他不当的研究行为。

学术欺诈到底有多普遍呢？我们可以看看每年从科学期刊上撤回的研究论文的数量。这些论文通常因为经不起审查而被撤回。2018年的一项研究报告称，平均而言，每1万篇论文中只有4篇被撤回。比例不算很高对吧？但这仍意味着2014年被撤回的论文数量高达946篇。其中超过40%的论文是由于学术欺诈而被撤回（其他的则是由于内容错误和其他问题）。此外，2016年一项针对20 000篇论文的研究显示，2%的论文里所采用的数据图像都有可能被人为修改过。

为什么学术欺诈会这么普遍？一部分是因为我们的世界是一个混乱和嘈杂的地方。科学家们需要在众多变量和不可避免的波动（被称为噪声）中寻找一个微小的、特定的效应，并为该效应提供明确的证据，显而易见，这一过程是充满挑战的，往往需要复杂的统计分析来分离出其他所有的变量和噪声。

有时，科学家们只是图方便就删去或改变了"离经叛道"的数据，人为使数据和结论更加符合他们的期待。这就像一个高尔夫球手为了让自己的赛绩更好看，偷偷把自己的高尔夫球扔进球洞里一样。

很多时候，科学家们都喜欢标榜自己是追求真理的正直的探索者，但实际上，科学家和我们普通人一样，在工作时面临着很多世俗的考量，比如金钱、声望和职业发展，等等。对科学家来说，要想获得这些奖励，往往需要取得重要的科学发现和进展，并将相关论文刊登在《科学》和《自然》等权威的科学期刊上。世俗的奖励诱惑力十足，这使得一些科学家在数据不理想的情况下仍孤注一掷。

当然，不当的数据处理（这已经是非常不可取的）还不足以构成重大的学术欺诈，但大多数科学家也没打算进行欺诈。他们把自己天真的愿望当作现实，不能接受意料之外的研究结果，并坚信自己的研究是真实的。

"冷聚变"的发现

有时，天真的愿望也能成为学术欺诈的种子。例如，黄禹锡确信他生产的第一个干细胞是来自克隆的胚胎，但后来调查证明事实并非如此。在极端的情况下，美好且偏执的愿望甚至会给科学家们带来麻烦。

20 世纪后半叶，能源需求的话题热度持续走高。1989 年，美国犹他大学的化学家斯坦利·庞斯（Stanley Pons）和英国南安普敦大学的马丁·弗莱西曼（Martin Fleischmann）宣布实现了常温常压下的"冷聚变"（cold fusion）。这一发现为解决世界范围内的能源问题点燃了希望。在第2章中，我们了解到，在恒星内部的超常高温下，原子核碰撞聚合，形成了更大的原子核，在此过程中释放出巨大的能量。

长期以来，科学家们都渴望在地球上重现这一过程，即通过将氘聚合在一起形成氦（一种被认为可以表明发生了聚变的物质）。氘是氢的一种同位素，其原子核由一个质子与一个中子组成（见第2章）。氘大多以重水即氧化氘的形式广泛存在于海水中。在地球上重现核聚变面临的巨大挑战是，持续的核聚变反应需要超常高温高压的环境，而这些条件在地球上很难实现。

然而，1989年，庞斯和弗莱西曼宣布，他们在实验室常温常压的条件下，用钯作阴极电解重水，成功实现了冷核聚变。这一爆炸性新闻很快霸占了全世界新闻的头版头条。两位科学家还表示，他们在实验中测量到了放射性粒子和大量能量，证明这一电学过程确实发生了核事件。对此，庞斯和弗莱西曼解释说，电流从阳极向阴极的运动，迫使氘原子核从重水移入钯的晶格，在极小的空间内，两个氘原子核发生聚变，产生了放射性粒子和能量。

绕过科学杂志

但是，这一突破与已知的物理学定律相矛盾。除此之外，庞斯和弗莱西曼是在新闻发布会上宣布自己的研究成果的。这可以说是违反了科研礼仪，因为新的科研成果问世，通常都需要以论文形式刊登在科学杂志如《科学》和《自然》上。

一份科研论文要登上科学杂志需要经过同行评审。若干审稿专家会对论文进行评审，以确保论文没有重大错误或遗漏，也要尽量保证文章对研究的介绍和描述足够详尽，以便其他科学家能够复制它。

庞斯和弗莱西曼故意绕过了刊登杂志这一流程。当然，他们也因此付出了代价。虽然他们没有公布冷核聚变研究方法的全部细节，但他们在新闻发布会上提供了足够多的信息。根据已有的信息，其他科学家开始复制这一惊人的研究，但遗憾的是，这一研究一直无法被成功复制。

最初，庞斯和弗莱西曼解释说这是因为其他科学家的研究方法和自己的研究方法存在差异。但越来越多的研究小组都表示，按照初始研究的方法无法实现冷核聚变。最终，这两位科学家不得不承认自己不光鲜的学术行为。

如果庞斯和弗莱西曼在一开始将自己的研究提

交给科学杂志，那么同行评审很有可能会注意到他们实验中存在的不足，从而帮助这两位科学家免于很多尴尬。但是，同行评审也有很强的局限性：它不可能识别出所有造假的研究。它只能识别实验方法是否合理，而不能判定科学家是否伪造或修改了实验数据。

幸运的是，重复同行的研究，尤其是那些重大的研究在科学界是非常普遍的。一项研究的可重复性过低，那么它就有可能存在问题，许多学术欺诈案件最先露出的马脚就是其他研究小组无法复制其研究结果。

科学领域和日常生活一样，占据主流的必然是真相，而非谎言。

为什么要重复他人的研究？

科学家们往往会主动重复自己研究领域里的突破性研究，尤其是当他们已经有所怀疑时。但他们对重复更为常见的研究则不太热衷。这是可以理解的。想想看：科学家们要想获得声望和赞誉，依靠的是进行新的研究、发表新的论文，而不仅仅是重复其他科学家的发现。科学期刊也更热衷于刊登新的研究，资助机构当然也更倾向于为新的研究付费。但其实只要原始研究足够可靠，重复研究的科学家们还是能有所收获。但不幸的是，在很多情况下，原始研究可能并没有那么可靠。

近年来，一些团队致力于大量重复其专业领域内的研究论文。他们的研究结果揭示了学术欺诈的普遍性。2012年，全球生物科技巨头安进公司（Amgen）的科学家报告称，他们对癌症研究领域里53篇具有里程碑意义的论文进行了重复性研究，但只6篇的结果可重复。2015年，一支研究团队试图重复98篇心理学论文的研究结果，但其中只有39%的结果可重复。

研究实验的可重复率如此低，除了主观上的故意造假，实验条件的不稳定与噪声也是重要原因。正如前文中提到的，科学家们在研究中寻找的效应并不是那么明显，只有通过复杂的统计技术分析实验数据才可能发现真正关键的效应。科研的难度如此之大，以至于有的科学家"走了捷径"——为了直觉中的结论去修造甚至伪造数据。但还有一种可能，初始研究的数据可能是真实的，但有些因素过于微弱，有时可以被检测到，有时则不能，这为后来者的重复增添了难度。

随着时间的推移，科学不断发展，反常的数据和研究终将被淘汰。但在这过程中，重复这些存在欺诈行为的研究作品还是会消耗科研人员大量的时间、精力和金钱，最终却只能进入研究的死胡同。由此看来，重复科研论文是一件相当艰巨且重要的任务。现在，这项工作受到了越来越多的关注。2016 年，一本在线期刊正式上线，专门刊登那些重复先前研究的论文。

本章小结

- 学术欺诈行为几乎在所有的学科领域都被揭露过，比如生物医学、化学、物理学、环境科学、心理学和考古学等。

- 重大的学术欺诈案件相当罕见，但严重程度次之的数据调整和伪造的例子比较普遍。

- 科学家们需要在众多变量和不可避免的波动（被称为噪声）中寻找一个微小的、特定的效应，并为之提供明确的证据，这一过程是充满挑战的。

- 新的科研成果问世通常会以论文形式刊登在科学杂志上，以便论文能够首先经过同行的评审。

- 科学家们会重复同行的研究，特别是那些极其重要研究，这有利于验证该研究的可重复性和真实性，有时可以借此揭露学术欺诈行为。

拓展阅读

- Park, Robert, *Voodoo Science: The road from foolishness to fraud* (Oxford: Oxford University Press, 2000).

- Chevassus-au-Louis, Nicolas, *Fraud in the Lab: The high stakes of scientific research* (Cambridge, MA: Harvard University Press, 2019)

第 22 章

冲击和惊吓

我们生活的世界常常让我们忧心忡忡。尽管生活在发达国家的人们普遍比以前更富有、更健康、更长寿，但似乎还有无穷无尽的事情需要担心。那些和技术相关的事物尤其能引起人们的忧虑，比如转基因作物、人造化合物、架空电缆、移动电话、核能，还有疫苗，甚至隆胸使用的填充物也会让我们感到害怕。

具有讽刺意味的是，人类目前所拥有的财富、健康和平均寿命的延长在很大程度上都要归功于那些令我们忧虑的技术。毕竟，现在再回看 100 多年前的生活，我们中的大部分人都会觉得不可思议：普遍性的贫困、饥饿和疾病，大量的妇女死于分娩，孩子在 5 岁前夭折，平均寿命很短。

人们几乎忘记了诸如水处理、疫苗接种、杀虫剂和化肥等技术发明帮我们成功驱逐了那些真正的恐惧。我们只是一边把大量注意力放在这些技术的微小的副作用上，一边认为自己的财富、健康和长寿是理所当然的。

系统 1 和系统 2

我们总是忍不住这样忧虑。在过去的几年里，科学家们发现，人们常常无法以逻辑和理性的方式评估风险，当这些风险涉及现代技术时，情况更是如此。但实际上，这是因为人类似乎拥有两个独立的思维系统，科学家们颇具创造性地将其称为系统 1 和系统 2。

系统 1 本质上可以说是人类的直觉。它快速和果断，但并不深入。在评估一个威胁时，系统 1 为了更快地做出判断，往往不会冷静地考虑所有的证据，它通常会使用一些基本的经验法则——科学家称之为启发式方法——来快速做出决定。

和系统 1 不同的是，系统 2 会冷静地考虑证据，以便得出更合理、更理性的决定。它具有逻辑性和系统性，因此它也相对较慢，还需要消耗大量的精力。如果我们根据直觉对某件事情做出快速判断，这就是系统 1 在工作。如果我们在做判断前考虑了很长时间，煞费苦心地权衡正反两方面的论据，这就是系统 2 的工作了。系统 2 也因此创造了人类所有令人印象深刻的智力成就，其中就包括科学。

可问题是，系统 1 迅速得出的答案往往会干扰系统 2 缓慢且深入的思考。因为在大多数情况下，系统 2 的选择都是在系统 1 的引导下完成的。通常，系统 2 只是倾向于改变或调整系统 1 的决定，而不是真正否决系统 1 的结论。可以说，尽管系统 2 代表了我们思维中的逻辑、理性，但快速和果断的系统 1 往往才是发号施令的主角。

为了快速做出判断，系统 1 在我们的潜意识中运作。因为有意识地思考会减慢它的速度。虽然我们经常不知道自己是如何做出决定的，但我们往往能够将自己的决定合理化，因为系统 2 通常能够为系统 1 的决定找到合理的解释。这就有了一个反直觉的观点：先有（系统 1 的）结论，后有（系统 2 的）解释。

那么，系统 1 所利用的潜意识经验法则或启发法则是什么？从许多行为实验中确定的最主要的经验法则有以下 3 个：锚定—调整启发原则、代表性启发原则和可得性启发原则。锚定—调整启发原则是指我们往往会参考刚刚获取的信息来做出初步判断；代表性启发原则指的是人们在不确定性的情形下，会抓住问题的某个特征直接推断结果；可得性启发指的是人往往会基于最容易被回忆起的信息来做判断。

研究系统 1

由于系统 1 的启发方法是在无意识的状态下运作的，所以科学家们不得不利用巧妙的实验来揭示它对人们思维过程的影响。

在一项研究中，科学家将受试者分为几组，向他们询问问题 1："印度政治领袖圣雄甘地去世时是大于 9 岁还是小于 9 岁"，或者问题 2："甘地去世时大于 140 岁还是小于 140 岁？问题的答案当然是不言自明的，但当科学家随后让这些受试者分别猜测甘地的死亡年龄时，先前的问题就影响了他们的答案。被问到问题 1 的人所预测的甘地的死亡年龄要小于被问到问题 2 的受试者。这就是锚定－调整启发式的作用。

在 1982 年的一项研究中，科学家们征集了某政治专家小组的意见，关于第二年美国和苏联之间完全中止外交关系的可能性与苏联入侵波兰后，两国完全中止外交关系的可能性孰大孰小。专家们普遍认为第二种情况更有可能。但实际上，第一种情况在逻辑上更有可能出现，因为第二种情况只是第一种情况的一个子集。这就是代表启发式发挥作用的体现。

除此之外，系统 1 在做判断时还利用了许多偏见或倾向，比如人类天然就对粪便和腐烂物质感到厌恶；我们更倾向寻求与我们现有观念相一致的信息，即所谓的确认偏误；我们还倾向于相信风险和利益是成反比的，即有风险的事情不会是有益的，有益的事情也不可能是有风险的。

这些启发式方法和偏见似乎是我们的大脑中的固有配置，当然，这也意味着它们是进化的产物。当人类首次在地球舞台上亮相时，这些偏见可能发挥了重要的作用。想象一下，如果你行走在危机四伏的非洲大草原上，你注意到前方的草地里有动静。这时，你就需要快速判断草地里是美味的羚羊还是饥饿的狮子。系统1的启发式方法和偏见可以帮助你做出正确的决定。

让我们回到这个需要抉择的镜头里，如果你近期正好听到有人提起过狮子，或者这里看起来像典型的狮子领地，再或者你回想起近期发生了狮子伤人事件，那么你就会尽快远离这片草地。但是如果狮子袭击的事在附近鲜有发生，那么你可能会靠近草丛，进一步观察。迅速又果断的系统1可以帮助我们节省大量的时间，但凡我们产生一丝不好的感觉，就可以及时逃跑。

因为进化是一个非常缓慢的过程，所以直到今天，我们仍在使用系统1的启发式方法和偏见帮我们处理问题。当系统1将其启发式方法应用于我们相对熟悉的领域时，它还可以帮助我们做出既迅速又有依据的判断。科学家们发现，在高度紧张的环境中工作的人（如消防员和空中交通管制员）往往能迅速做出正确的决定，虽然他们也无法完全解释自己反应和思考的过程。然而，当系统1将其启发式方法应用于我们通常不太了解的领域（如考量新技术的风险）时，它就会得出一些不怎么可靠的结论，系统2也往往不会对其进行纠正。

当系统 1 使我们过度担忧时

互联网的普及使我们可以随时接收到来自世界各地的信息，但这让"古板的"系统 1 手忙脚乱。我们可能在逻辑上知道，在新闻上看到一则孩子被绑架的报道并不意味着我们的孩子更有可能被绑架，但系统 1 不知道这一点。它只是利用可得性启发式来推断，当听到孩子被绑架的新闻意味着绑架儿童是很常见的（不管这个绑架发生在哪里）。因此，系统 1 的判断会使得我们过度担心，担心我们的孩子在街上玩耍时被人绑架。科学家们发现，人们往往会高估报纸和电视上的新闻事件发生的可能性，如谋杀、洪水和火灾等。

在过去几年中，许多技术性恐慌的背后也有同样的错误思维。尽管这些恐慌几乎都被证明是无稽之谈，但它们确实足以让系统 1 拉响警报。

转基因作物

转基因作物已经被广泛种植和消费了 20 多年，没有对环境和人们的健康产生任何负面影响。2017年，全世界 24 个国家种植了 1.9 亿公顷的转基因作物。但是在 20 世纪 90 年代末，一些极具争议的研究发现食用了某些转基因作物的动物产生了不良反应。除此之外，还有论调称第一批转基因作物只惠及农民而非消费者，这些宣传使得欧洲人对转基因作物的态度发生了转变。至今，欧洲大部分地区仍然没有种植转基因作物。

在环保组织的大力宣传下，人们开始关注环境中人造化学物质的浓度，无论是故意释放的化学物质（如杀虫剂），还是逃逸到环境中的工业化学物质。对生活在发达国家的人进行的测试表明，他们的血液中含有许多人造化学物质，其中一些是有毒的甚至是致癌的。

这听起来骇人听闻，但其实并不值得我们担心。虽然现代人类的身体都被人造化学物质污染，但对大多数人来说，污染物的浓度很低，几乎不会对我们造成任何伤害。自然界产生的许多化合物（包括一些最终会出现在我们食物中的化合物）在足够高的浓度下也是有毒的或潜在的致癌物，但没有人对这些天然的化学物质过于担心。

美国癌症协会（The American Cancer Society）估计，只有大约 2% 的癌症是由于接触人造或自然产生的环境污染物造成的。比起环境里微小的污染物，生活方式（如吸烟、饮酒、暴饮暴食、肥胖和缺乏运动）在致癌的过程中扮演着更加重要的角色。但现实是，人们一边担心自己体内微不足道的环境污染物的影响，一边快乐地抽烟、喝酒、吃奶油蛋糕。

但是环境呢？

虽然人造化学物质对我们自身的健康造成的危害很小，但对环境的影响却不容小觑。

例如，在美国中西部的农田中施用的富含氮的肥料经常被冲入附近的河流，最终在墨西哥湾汇集。每年春夏，大量的肥料导致藻类的过度繁殖，而大量藻类的生长几乎消耗了水中所有的氧。氧的稀缺使得将近 150 万公顷的海湾里没有任何其他生物可以生存。

声名狼藉的化学物质还有杀虫剂，研究人员认为杀虫剂的广泛使用造成世界上许多地区蜜蜂和其他昆虫数量的急剧减少。

同时，人们对手机的态度也不乐观。有的人担心手机产生的电磁波可能会导致癌症。但是，与转基因作物的命运不同，这些担心并没有阻止人们使用手机。

人们对技术的过度担忧可以追溯到系统 1 所采用的启发式方法和偏见。对新技术的安全性提出怀疑的新闻报道（即使这些怀疑后来被证明是毫无根据的）也足以触发系统 1 常用的启发式方法，立即让人们对这项技术产生负面的感觉。

由于人们认为风险和利益往往呈反比关系，所以那些不会带来直接好处的技术更容易被大众接受，而让人们直接受益的技术（如移动电话）则常常会被人们怀疑存在风险。

麻腮风三联疫苗带来的恐慌

有时，这些非理性的反应会带来严重的后果。1998 年，一位英国医生提出，流行性腮腺炎、麻疹和风疹的三联疫苗（即 MMR 疫苗）与自闭症之间可能存在联系。尽管英国政府向家长申明 MMR 疫苗是安全的，并有许多研究的支持，但当时仍然有许多家长坚持不给自己的孩子注射 MMR 疫苗。

家长们的抵触情绪导致英国的麻疹和流行性腮腺炎病例激增（值得庆幸的是，风疹患者相对较少）。1998 年英国的麻疹病例还仅有 56 例，2012 年这一数字就飙升到了 2000 以上。腮腺炎病例也从 1998 年的 121 例上升到了 2005 年的 45 000 例。麻疹和流行性腮腺炎不仅非常影响患者的健康和生活，麻疹甚至有可能造成病患死亡。虽然此后这两种疾病在英国的发病率有所下降，但病例数量仍高于恐慌发生前的水平。

无独有偶，其他地区的反疫苗情绪也曾导致麻疹病例的大幅增加，包括已经宣布该疾病基本被根除的美国等国家。仅仅2014年一年，美国就有超过644人确诊麻疹，比前5年病例数量的总和还要多。美国2018年的麻疹病例也有372例。在过去的几年里，意大利、法国和德国等多个欧洲国家也都相继经历了严重的麻疹暴发。

一则针对麻疹疫苗和自闭症关系的推测（后来被证明是不成立的），就足以让父母拒绝为自己的孩子接种疫苗以抵抗三种严重的、可以预防的疾病。

因此，在大多数情况下，科学家们与系统1抗争是为了向人们证明某项技术是安全的。但有时，他们与系统1抗争是为了让人们更认真地对待一项威胁。全球变暖就属于第二种情况。

助推的力量

系统 1 为了节约判断的时间，牺牲了思考的深度。这往往会导致一些糟糕的决策。但系统 1 其实可以被训练、可以做出更好的决策，这就是"助推"的工作原理，即利用系统 1 来塑造人们的行为（通常是在他们没有意识到的情况下）。商店经营者深谙其中的技巧。例如，我们很容易冲动购买巧克力这类商品，于是商店经营者会将其放在收银台附近。同样使用这种技巧的还有政府。

政府常常通过自己的方式干预和塑造民众的行为，好让政府自身和整个社会从中受益。政策制定者打造理想的行为时会遵循以下几条原则：更加简单、具有吸引力、更具普遍性和符合时宜。

以"简单"为例，这些理想行为会被打造为默认选项。有些有明显益处但人们总会不自觉拖延的事就适用这条原则，比如加入养老金计划和同意在死后捐献器官等。想要使理想行为对特定群体更具吸引力，往往只需简单地改变措辞。法国一项关于技术制图教学的研究发现，如果该学科被称为"几何学"，课程中男孩的表现会更好，但如果课程名称改为"绘画"，女孩的表现也会非常好甚至好于男生。助推理论利用了一个人服从社会规范的倾向。美国研究人员的一项试验发现，当那些浪费能源的人被告知了自己与邻居对能源的消耗量时，他们倾向于约束自己的行为，减少浪费。

然而，不是所有助推都是无私的。政府也会利用它来提醒民众按时缴税。新加坡将税单印在粉红色纸张上，这种颜色的纸通常用于收债。英国的方法就没有那么温和了。如果你没有为自己的车缴纳车辆税，那么你可能会收到邮局寄来的警告信。更新后的警告信上印着："要么交税，要么丢车"，还可能会附上你汽车的照片。这样一来，缴纳车辆税的人数明显上升了。

本章小结

- 人类似乎拥有两个独立的思维系统，称为"系统 1"和"系统 2"。

- 系统 1 本质上是直觉，它使用基本的经验法则或启发式方法，来快速做出决定。

- 系统 2 会冷静、理性地考虑证据。系统 2 是有逻辑的、成系统的，但它也是更缓慢的，因为它的运行需要大量的精力。

- 系统 1 使用的 3 个主要启发式方法是锚定—调整启发原则、代表性启发原则和可得性启发原则。

- 系统 1 在做判断时还利用了许多偏见或倾向，比如我们更倾向于寻求与自己现有观念相一致的信息，我们还倾向于相信风险和利益是成反比的。

拓展阅读

- Gardner, Dan, *Risk: The science and politics of fear* (London: Virgin Books, 2009).

- Halpern, David, *Inside the Nudge Unit: How small changes can make a big difference* (London: W. H. Allen, 2015).

第 **23** 章

对你来说够热吗？

气候变化或全球变暖的说法一直是有争议的。全球变暖是指由于人类大量燃烧化石燃料排放二氧化碳，温室效应加剧的现象。这样的变化会给地球上的生物带来巨大的影响。

气候变化引起的争论几乎是所有科学话题里最

多的。人们似乎只能有两个选择：要么相信气候变化，要么不相信，不存在中间立场。明确的界限使两方的对立一直相当明显。

否认气候变化的人们指出，气候变化是一个缓慢的过程，气候科学家没有确凿的证据来证明气候变化的存在。不过，在过去十年里，支持气候变化的证据越来越多。我们不能忽视这些现象：南北两极的冰层正以惊人的速度融化；极端气候如干旱、洪水和飓风发生得更频繁；越来越多的珊瑚礁从温暖的海水中消失……科学家们所预测的后果如今几乎都正在一一变为现实。因此，尽管全球变暖的议题仍存在争议，但你不能对这些现象视而不见。

全球变暖的原因

温室气体的聚集使地球表面的温度升高，加剧温室效应。这是全球变暖现象的基础概念。二氧化碳是我们熟知的温室气体，除此之外，还有甲烷（也被称为天然气）和氧化亚氮。正如我们在第17章所看到的，不同的分子吸收和发射电磁辐射的频率不一样；二氧化碳、甲烷和氧化亚氮都能吸收红外辐射。

这三者都存在于大气中，尽管浓度非常小（目前二氧化碳约占大气的 0.04%，而甲烷和氧化亚氮的浓度更低）。大气层的绝大部分由氮气和氧气组成，占比分别为 78% 和 21%，但它们都不吸收红外辐射。

温室气体

温室气体指的是：通过吸收红外辐射，阻止热量从地球上逃逸，其功能类似于农业领域中使用的温室，因此而得名。太阳短波辐射到达地面，地表温度升高发射大量热辐射线（见第 17 章）。要想印证太阳短波辐射对地表的加热，我们可以在晴天观测柏油马路表面的温度。

如果大气层中只有氮气和氧气，那么地表发射的热辐射线就会直接逃回太空。可是大气的成分十分复杂，其中的温室气体吸收了大部分辐射，与此同时，大气也向外辐射长波辐射，到达地面的部分被称为逆辐射。温室气体就像覆在地球上的毛毯，影响了地球散热。

但根据科学家的计算，如果大气层中没有这些温室气体，地球表面的平均温度将降至零下 18 摄氏度。这意味着，适量的温室气体对于一颗宜居的星球来说是必不可少的。

火星和金星的情况印证了科学家的说法。二氧化碳是火星大气的主要成分（约占95%），但火星上的大气层要比地球上的稀薄100多倍，因此火星积累的热量就要少得多，火星表面的平均温度为零下65摄氏度。

但温室气体是越多越好吗？二氧化碳也是金星大气层的主要成分，且金星的大气层比地球的厚100倍。因此，金星表面的温度是火炉般的460摄氏度。总的来说，天体大气层中的温室气体越多，聚集的热量就越多。

二氧化碳含量增加

地球大气层中的温室气体，尤其是二氧化碳的浓度正在增加。这是毫无争议的。自20世纪50年代以来，科学家对大气中的二氧化碳含量进行了测量，数据显示二氧化碳的浓度持续攀升，从1959年的3.17×10^{-4}到2017年的4.05×10^{-4}。同样没有争议的是，二氧化碳浓度的增加要归因于人类对富含碳的化石燃料的使用，如石油、煤炭和天然气等，这些燃料在燃烧时会产生大量二氧化碳。

科研人员也从极点钻取的冰芯里取得了额外的

证据。冰芯中的气泡提供了几十万年前的大气状况记录。数据表明近250年里（自工业革命开始以来），大气中的二氧化碳浓度长期呈上升趋势。虽然存在自然波动，但目前二氧化碳的浓度是至少80万年来的峰值。

对大气温度升高的争论

据此，有人直接断言地表空气温度的上升要归咎于增加的二氧化碳含量。总的来说，二氧化碳越多，大气层内聚集的热量确实就越多。但实际上，二氧化碳只是影响地表空气温度的因素之一。这二者之间的关系十分复杂，科学家们还不能给出明确的解释。

科学家从融化的冰芯中提取的氧同位素比率进一步提供了古代温度的线索。因为不同的氧同位素会根据温度以不同的比率在冰中沉积。将温度记录与二氧化碳浓度记录相比较，我们可以发现这两者有同步波动的趋势。但是，冰芯并不能进一步揭示它们之间的关系：到底是温度随着二氧化碳浓度的波动而波动，还是二氧化碳浓度随着温度的变化而变化呢？抑或是，两者之间存在更复杂的互动？

考虑到冰层形成的时间跨度长达几十万年，我们能很容易地意识到，冰芯提供的记录很难做到精准。为了研究近期历史中更详细的大气记录，科学家需要在自然中寻找其他线索，比如树的年轮。年轮的圈数代表了树的年龄，每圈年轮之间的宽度则能显示它所在环境的温度。

根据对大量古树年轮的分析，科学家了解到了过去1000年间全球平均温度的情况。气温在这一时间段内仍存在波动，但基本保持在平均值上下。

150年前，人类开始定期测量大气温度。目前人类掌握了由成千上万的气象站和卫星参与的大气温度测量的技术。先进的技术带来了更准确的数据：虽然从20世纪40年代中期到70年代中期，大气的平均温度基本没有发生变化。但整体而言，地球的大气温度保持着上升趋势，与150年前相比，目前的气温已经上升了约1摄氏度。

许多持反对观点者认为这样的变化实在微不足道，他们还称并没有在树木的年轮中找到近一个半世纪气候变暖的证据。持反对观点者质疑测量到的大气温度上升可能是由于气象站周围建立了越来越多的城镇和城市。但科学家表示，在计算平均温度时，他们已经考虑到了这种情况。并且为了避免干扰，最大城市地区的气象站数据已经被忽略。

即使大气温度在上升，我们也不能断言二氧化碳是唯一的幕后黑手。毕竟，二氧化碳不是唯一的温室气体，且等物质量的二氧化碳造成的温室效应要小于甲烷和氧化亚氮，但因为大气中的二氧化碳含量更高，所以它的名气更高。整体而言，甲烷对全球变暖的贡献率约为 24%，而二氧化碳的贡献率达到了 70% 左右。

水蒸气的影响

比二氧化碳更重要的温室气体其实是——水蒸气。水蒸气在大气中的占比很大。因此，部分持反对观点者认为，二氧化碳含量的小幅上升相对来说并不重要，因为水蒸气对大气温度的影响更加明显。但是现在就得出结论还为时尚早。

首先，水蒸气会放大二氧化碳浓度上升所造成的温室效应，因为较高的大气温度会导致更多的表层海水蒸发，从而产生更多的水蒸气。并且，正如我们在第 15 章中所了解到的，水蒸气会很快凝结成云，而变厚的云层（尤其是白云）一方面会吸收更多的红外辐射，使大气温度升高，但同时，云层另一方面会增加地球的反照率，从而帮助地球散热。

也就是说，水蒸气对温度的影响是双面的。尽管主流学术观点认为，总体而言，水蒸气的量与大气的温度成正比。但至少在地表附近，主导气温升高的主角仍然是二氧化碳。

太阳辐射

通过类似的推理，持反对观点者还认为，（尽管在不同地质年代情况有所不同）太阳辐射对大气温度的影响比二氧化碳浓度的作用要大得多。按照他们的说法，地球正在变暖是因为接收到的太阳辐射的总量变多。

但这种说法与科学家们对太阳的观测结果相矛盾。观测和计算机模拟的结果都表明，在过去的几十年里，地球接收到的太阳辐射总量并没有显著变化。研究人员对大气层和地球表面进行三维建模，在该模型中对各种天气现象进行模拟，试图复制某一时期内的地球的气候状况。

尽管模型运行的结果只能提供一个近似值，但在模拟过去 100 年间的气温上，它所提供的数据被证明是相当有说服力的。不过，令持反对观点者失望的是，这些数据仍然只能揭示在全球变暖过程中二氧化碳所扮演的重要角色。单纯依靠模型提供的数据，科学家无法得出太阳辐射与地球大气温度升高之间的直接联系。

未来的变化

尽管气候模型无法准确预测未来会发生的事，但不同模型的运行结果都表明大气温度会继续升高。这种不确定性主要是因为人们对气候的运作机制仍然所知甚少，我们甚至不清楚被"困"在大气层内的热量到底会造成什么样的后果。

只有一小部分热量留在低层大气中，直接导致全球变暖。绝大部分热量被海洋吸收，导致海水升温变暖或者融化两极的冰川和冰盖。科学家们曾认为这些热量主要由表层水储存，但最近的研究表明，700米以下的深海水域储存的热量可能比我们想象的还要多。至于这些热量是如何在海洋深处发挥作用的，目前还没有定论。

让我们继续关注海面之上仍然呈上升趋势的大气温度。1998年到2013年，全球变暖的趋势有所放缓，但这很有可能是因为更多的热量被储存在了深海水域，或者仅仅是测量误差带来的假象。2015年至2018年是有记录以来最热的4年，其中2016年的数据达到了峰值。

全球气温的升高将导致海平面上升，许多沿海地区将消失在海面之下。这是海洋变暖（因为水在变暖时会膨胀）和海冰与冰川融化共同作用的结果。事实上，这个严重的后果正在发生。卫星观察数据表明，目前海平面每年上升超过3毫米。

海洋温度上升和海冰融化还有可能改变海洋环流系统（见第14章），有可能减缓甚至终止温盐环流2004年上映的灾难片《后天》中就描述了这样的场景，当然电影情节经过了艺术化的处理，结局在科学上并没有那么严谨。这种现象会带来反直觉的后果：西欧将变得更冷，尽管目前还没有出现这种迹象。

整体来说，地球上几乎所有地方都会变暖。这种变暖会在夜间和冬季更加显著。升高的温度会导致更多海水蒸发，降雨量也会因此增加。但同时，内陆地区的水蒸发也会加剧，造成更严重的干旱。这一后果已经开始显现。

大量动植物会受到严重影响，因为它们赖以生存的环境发生了变化。据预测，如果二氧化碳浓度继续上升，到2050年，多达37%的动植物都可能面临灭绝的命运。尽管有研究表明大气中的二氧化碳浓度升高会使植物生长得更快，但可惜的是，这些植物首先得在高温环境下生存下来才行。同时，这也意味着，人类的食品供应可能会受到挑战：当温度远超 30 摄氏度时，人类目前最重要的粮食作物的产量将会急剧下降。

尽管仍然存在争议，但世界上几乎所有的科学团体，如英国皇家学会（The Royal Society）和美国国家科学院（National Academy of Sciences）都承认全球变暖是一个非常重要的议题，并且人类燃烧化石燃料的行为难辞其咎。科学家们认为眼下更重要的辩论话题不再是全球变暖是否存在，而是人类应该如何应对这一问题。

怎样亡羊补牢？

目前，大多数国家都认同减少二氧化碳排放量的必要性。但是全球有约束力的协定所达到的效果不尽如人意。常见的减少碳排放量的方法包括用可再生能源取代燃煤发电站、用电动汽车代替汽油驱动的汽车、保证我们所使用的技术尽可能节能，等等。就算采取了以上这些措施，但减排的速度还是赶不上全球变暖加剧的速度。

为了避免最坏的结果出现，政府间气候变化专门委员会（一个联合国下属的跨政府组织，负责研究由人类活动所造成的气候变迁问题）的报告建议将全球平均温度较工业化前水平的升幅控制在 1.5 摄氏度以内，这是一项艰巨的任务。如果地球升温超过 1.5 乃至 2 摄氏度，可能会产生极其严重的后果。然而，按照目前的排放趋势，我们很可能难以完成最低的排放目标了。

　　这种境况进一步鞭策着科学家们思考更有效的减缓全球变暖进程的方式。其中一种方法是在发电厂和工业排放的二氧化碳到达大气层之前，利用某种附有吸附功能的材料将其捕获。这样一来，这些二氧化碳就可以安全地储存在地下，或者转化为燃料或塑料等更实用的物质。

　　另外，针对清除大气中现有的二氧化碳，科学家们也提出了若干方式。其中最简单的方法就是种植更多的植物，尤其是树木，因为它们在生长过程中会吸收二氧化碳。但这是一个相当缓慢的过程，且需要大量的土地。与此同时，研究人员也正在加紧研发各种技术方法，这些方法涉及的材料基本都是能吸收二氧化碳或能够与之进行反应的物质。

　　另一种方法的落脚点在阳光上。科学家们希望通过减少到达地面的阳光量来减缓全球变暖。方法之一是向高层大气释放大量颗粒，在那里它们会将部分进入大气层的阳光反射到太空中。科学家们认为这一方法会奏效，至少在短期内会有成果，因为这正是大型火山爆发，将大量火山灰喷入大气层时会出现的情形。

本章小结

- 全球变暖理论认为，由于人类大量燃烧化石燃料，二氧化碳和其他温室气体浓度的上升，温室效应加剧，导致地球大气温度升高。

- 温室气体之所以被称为温室气体，是因为它们通过吸收红外辐射来阻止部分热量从地球上逃逸，其原理类似于温室。

- 测量结果显示，地球大气层中的温室气体，特别是二氧化碳的浓度正在上升。

- 全球变暖的议题十分有争议性。有人直接断言地表温度的上升要归咎于增多的二氧化碳。

- 全球地表温度变化呈上升趋势：2015 年至 2018 年是有记录以来最热的 4 年，其中 2016 的数据达到峰值。

拓展阅读

- Romm, Joseph, *Climate Change: What everyone needs to know* (New York: Oxford University Press, 2018).

- Wallace-Wells, David, *The Uninhabitable Earth: A story of the future* (New York: Random House, 2019).

第 **24** 章

末日威胁

正如全球变暖所表明的那样，人类的技术已经发展到了可以威胁地球的阶段。除了全球变暖，我们还有各种怪异且可怕的方法来摧毁我们的星球，比如核战争、转基因疾病，还有黑洞。甚至，我们可能会拉上宇宙中的其他部分做垫背。

但是在探讨全球毁灭的各种可能性之前，我们需要对毁灭的两种主要类型进行区分。在第一种，也是灾难程度相对较低的类型中，更有可能被摧毁的是人类的现代文明而非地球本身。这种情况可能是人类在某些悲剧发生后倒退到一个技术不太先进的状态，也可能是人类连同许多其他物种一起，从地球上消失。

在地球幸存的版本中，或许还有某种形式的生命也存活了下来。在一段时间后，生命会再次在这颗星球上繁荣起来，就像每一次生物大规模灭绝后发生的事情一样（见第 5 章）。不过不同的是，人类将不复存在了。第二种更具灾难性的毁灭则是地球遭受了物理毁灭。在这种情况下，显然不会有任何生命得以幸存。

核战争

许多年来人们都认为，最有可能造成第一种毁灭的是核战争。据估计，在 20 世纪 80 年代中期，美国和苏联大约拥有 65 000 枚核弹头，这些核弹的威力平摊在每个人身上是 3 吨 TNT 炸药的爆炸力。

核武器的破坏力巨大，因为每千克物质进行核反应产生的能量比化学反应产生的能量要高 100 万倍。原子弹和核电站的能量来源都是核裂变（见第16 章），其中铀裂变最常见，即中子撞击铀原子，形成链式反应。不同的是，在原子弹中，这些反应会失控，释放出的热量和亚原子粒子相当于超过10 000 吨 TNT 炸药同时爆炸。

氢弹

在更先进的核武器（如氢弹）中，爆炸是由裂变和聚变共同引起的。与裂变反应不同，聚变是指原子核聚合在一起（如发生在恒星的中心的反应；见第 2 章），释放大量热量与亚原子粒子。通过结合裂变和聚变反应，一颗氢弹可以产生相当于数兆吨 TNT 爆炸的效果（1 兆吨等于 100 万吨）。

但是，核武器恐怖的不仅仅是它初始爆炸的规模。现代氢弹的爆炸力，加上由此引发的火灾，会将大量的物质以烟雾、岩石和土壤颗粒的形式送入大气。这些物质很有可能会在大气中停留数年，阻挡阳光，开启严酷的"核冬天"。这样的气候环境将会给那些幸存下来的生物带来更大的生存挑战。

电离辐射

核爆炸还会释放极强的电离辐射。电离辐射能引起物质电离，破坏原子或分子的结构。电离辐射会在大范围内扩散，直接对人体造成损害，除了烧伤和基因损害，还可能增加癌症等疾病的发病率。长期来看，它甚至会大大增加新生儿出生缺陷的风险，对幸存者的后代造成影响。显然，一场全球核战争就能摧毁我们的现代文明。

核威胁

随着冷战落下帷幕，这种噩梦出现的可能性已经微乎其微了。目前，双方阵营都在稳步减少自己的核储备。但尽管核武器毁灭全球的威胁似乎已经解除，但核武器的危险仍然不曾离我们远去。

朝鲜开发并测试了自己的核武器；伊朗过去也试图研发核武器，将来也很可能再次启动研发；恐怖组织也可能会从某些不稳定的政权手中或苏联曾经的库存中获取核武器。

与此同时，小规模的冷战也仍在上演。印度和巴基斯坦都是拥有核武器的国家，双方目前正在针对克什米尔地区的归属权进行对峙；如果伊朗真的研发出核弹，那么它也很可能会与以色列对峙。有许多人认为以色列目前也拥有自己的核武器。虽然这些国家之间的核冲突不会导致全球毁灭，但仍会有数百万无辜民众因此丧命。

化学和生物攻击

化学和生物武器的杀伤力也相当强。这种武器现在被《禁止化学武器公约》和《禁止生物武器公约》所禁止，但公约显然不能阻止恐怖分子和疯狂的邪教组织使用生化武器。

事实上，他们已经使用了。1995 年，一名奥姆真理教（日本邪教组织，曾被联合国认定为恐怖组织）成员在东京地铁中释放了神经毒气沙林，造成12 人死亡。虽然化学武器已经很具威胁性了，但基于致病菌的生物武器还是更胜一筹。从影响范围来看，化学武器只会影响使用者附近的人，但生物攻击却有可能传播到很远的地方。因为传染性生物病原体可以在人与人之间传播，并且一般在当局意识到问题严重性之前，病原体已经有了好几天的发酵时间。

人工合成的病原体

自然界的病原体已经够致命的了。例如具有高度传染性的天花，能导致大约三分之一的感染者死亡。不过幸运的是，广泛的疫苗接种几乎让这个严重的威胁（见第9章）销声匿迹了。但另一种威胁性极强的新型病原体却悄然而至：凭借现代遗传学和合成生物学技术（见第20章），人工合成病原体成为可能，其传染性和致命性超过自然界所创造的任何东西。

想象一下，如果存在一种流感病毒，它可以杀死三分之一甚至更多的感染者。这样的病毒一旦在现代城市里被释放，哪怕防控力度再强，这种流感都会迅速席卷全球，就像2009年的猪流感一样。不夸张地说，它有能力夺取数以亿计的人的生命。

灾难性的后果

然而，核攻击或生物攻击不需要杀死那么多人就能击垮我们的现代文明。事实上，哪怕没有人员死亡的攻击都有可能做到这一点。因为在许多层面上，现代文明都是十分脆弱的。人类文明的维持与延续严重依赖诸如能源供应、食物保障和通信技术等手段。

小规模的核攻击或生物攻击会在一定程度上破

坏这个脆弱的体系。大范围的停电，食物、水和燃料的短缺，都会让人类的生活被迫暂停。针对全球大面积计算机网络的攻击也会造成同样的后果。虽然不会立即造成生命损失，但它们就像太阳耀斑这样看似无害但威胁性极强的东西一样。只要一瞬间的爆发，就能让现代社会的发展倒退数百年。然而要想从这样的打击中恢复过来，人类则需要耗费相当长的时间。在此期间，会有大量的人死于疾病和法律与秩序的失效。

耀斑的力量

除了光和热之外，太阳还连续不断向太空释放带电的亚原子粒子流，也就是太阳风。偶尔，太阳表面局部会突然出现大规模的爆发活动，这一现象被称为太阳耀斑（solar flare）或日冕物质抛射（coronal mass ejection，CME）。强烈的太阳活动可能会导致地球上的电力供应中断，短则几个月长则可达几年。

但事实上，太阳耀斑和 CME 并不完全是一回事。太阳耀斑是太阳大气局部区域突然变亮的现象。通常来说，CME 伴随着耀斑的出现，但并不是每一次都如此。CME 的规模可大可小，通常会将能量释放在太空中，但由于太阳离地球很近，这些能量有时会误伤我们的星球。

1989 年，一次规模较小的 CME 袭击了加拿大魁北克省的电力网络，导致全省停电 9 小时。在 2012 年，规模更大的 CME 与地球擦肩而过，如果这个 CME 击中美国，它可能会摧毁美国四分之一的高压变压器。现代历史上最强烈的 CME 发生在 1859 年，史称"卡灵顿事件"。事件发生时，甚至连住在热带地区的人们都能观察到极光现象，当时刚出现不久的电报系统也因此受到了严重打击。研究人员表示，如果卡灵顿事件发生在今天，那么造成的影响会非常严重：卫星、电力网络都将很快被摧毁，世界会陷入物理和隐喻双重层面上的黑暗之中。

不过，也有一些方法可以保护高压变压器和电力网络免受 CME 的影响，例如安装浪涌电压抑制器，但这样做的成本非常高，所以这项措施并没有被广泛推广。目前，为研究太阳而发射的卫星可以为我们提供 CME 来临的预警，为人类争取时间以提前关闭电力网络中最容易遭到袭击的设备。

对地球的长期损害

尽管上述这些威胁都"各有长处"，但它们不会对地球造成任何严重的长期损害。即使美苏两国在冷战最激烈的时期持有的所有核武器，也不会给地球造成太大的麻烦。在 6500 万年前导致恐龙灭绝的那颗小行星所释放的能量相当于 100 万颗氢弹爆炸，但地球本身除了收获了一个横跨墨西哥海岸的 200 千米宽的陨石坑外，几乎没有受到任何其他伤害。

这样看来，人类好像并没有摧毁这颗星球的能力。然而实际上，是存在这种可能的。正如我们在第 1 章中看到的，为了进一步解释物质世界的基本构成及其相互作用，物理学家正在使用粒子加速器，例如大型强子对撞机（Large Hadron Collider，LHC），以接近光速的速度将亚原子粒子撞在一起。

评估末日景象

怎么样冷静地评估末日景象的风险程度？如何比较不同末日景象的严重性？又该如何确定相应的措施来防止世界末日的发生？这里有一个简单的方法来评估任何可能导致人类伤亡的事件的风险程度。

用某一事件发生的概率与其产生的后果（通常是指可能的伤亡人数）进行叠加。按照这种评估方式，一个只造成几个人死亡但发生概率极高的事件与一个发生概率极低但会杀死更多的人的事件的严重程度相当。

这就解释了为什么人们现在如此关注近地天体（所有可能穿越地球轨道的小行星和彗星）的动向。虽然造成恐龙灭绝的那种小行星的撞击或许罕见，平均每1亿年才会发生一次，但其后果过于严重，所以我们可以说这是非常具有威胁性的事件。

黑洞、奇异夸克团和其他灾祸

在某一瞬间，这些粒子间的碰撞会产生巨大的能量，重现宇宙诞生时的条件。人们对此的担忧聚焦在：这些高能量的碰撞有可能造成地球的毁灭。从理论上讲，这是有可能的，并且发生的形式不止一种。

当LHC中的两个粒子高速相撞时，有可能会产生一个微型黑洞，它会以指数倍的速度膨胀，甚至有能力吞噬地球。它们还可能导致构成质子和中子的夸克重新组合成一种奇怪的物质形式，即奇异夸克团（Strangelet）。接着，奇异夸克团可以继续转换所有其他物质，甚至可以将地球变为一个直径仅有100米的密度极高的球体。再或者，这些碰撞可以将整个宇宙转化为一种新的稳定状态，即所谓的真空气泡（其中没有原子存在）。最后，它们可能产生被称为磁单极子的粒子。一些理论认为这一过程可能会导致质子衰变，在这种情况下，原子也会融化。

尽管所有这些威胁都有理论研究背书，但它们目前都只存在于理论推测中，不是大多数科学家关注的焦点。并且，当宇宙射线（见第 2 章）撞击地球大气层中的原子时，类似的高能碰撞也会自然发生，但这种碰撞并没有将地球摧毁。

不过，如果你突然发现自己变成了一坨超密度的奇怪物质，那么你就知道该怪谁了。

本章小结

- 核反应产生的能量比化学爆炸的效率高 100 万倍。

- 现代遗传学和合成生物学技术可以用来创造"超级病原体"，其传染性和致命性超过自然界所创造的任何东西。

- 一次小规模的核攻击或网络攻击，抑或是一次太阳耀斑所造成的破坏，都可以威胁到我们的现代文明。

- 6500 万年前造成恐龙灭绝的小行星所释放的能量相当于 100 万颗氢弹爆炸，但地球本身可以说是毫发无伤。

- 在粒子加速器（如大型强子对撞机）中发生的高能碰撞，理论上有若干种方式可以造成地球的毁灭。

拓展阅读

- Dartnell, Lewis, *The Knowledge: How to rebuild our world after an apocalypse* (London: Vintage, 2015).

- Rees, Martin, *Our Final Century: Will civilization survive the twenty-first century?* (London: Arrow Books, 2004).

第 **25** 章

了解你的极限

　　与宗教启示和哲学思辨相比，科学家认为科学是了解宇宙的最准确和最可靠的知识库，其原因就在于研究过程中使用到的科学方法。从本质上讲，科学方法非常简单：科学家对宇宙（某一现象）进行观察，依据这些观察提出关于宇宙运作方式的假设，然后进行模拟实验来检验这一假设。

听上去很简单是吧？正是借助这样基础的方法，科学家们得出了大量相当重要的结论（本书中就有所提及）。此外，我们目前享有并依赖的所有技术都在这一套简单的方法中诞生。

当然，在具体的实验中，这个方法会更复杂些。首先，这是一个反复的过程：科学家为检验一个特定的假设进行实验，实验的结果往往会导致对原始假设的修改或形成一个新的假设，从而会出现更多的实验。另外，科学家有时还需要从这些假说中概括出一个总体理论，来准确地解释宇宙目前的状态。更理想的情况是，总体理论还做出了某些预测，从而引出更多后续的实验。

对宇宙设置限制

为了使科学方法发挥得更好，我们还需要对宇宙进行一些限制。从本质上来说，科学方法是为了探索事物之间的因果关系：在一个实验中，科学家要寻找某一具体的事件所产生的结果。因此，排除其他因素的干扰就显得尤为必要了。

举个例子，如果一个科学家想研究气温升高对小麦等作物的影响，那么他／她就需要严格控制所有可能影响作物生长的因素（包括湿度、土壤中养分和水分的水平、阳光的强度以及二氧化碳的浓度等）。如果没能做到控制这些变量，科学家将无法判断作物的变化到底是温度上升的结果还是其他因素影响的结果。

但是单一的因果关系并不能解释复杂的现实世界。在现实世界中，作物同时受到所有因素的影响，也就是说，作物的变化其实是所有因素相互作用的结果。对其中某一个因素进行单独研究的研究原理被称为还原论，它使科学家能够在一些细节上了解宇宙的各个部分是如何工作的，如针对细胞内的各种生物分子的研究。但是，在宏观角度上，科学家们正在钻研这些因素相互作用的具体机制。

科学方法还假定，科学家独立于他／她所研究的过程或关系，这意味着科学家不会以任何方式影响它。所以，无论科学家是否记录或研究，温度上升对小麦作物的影响都是相同的。

科学、宗教和哲学

在探索和积累规律的层面上，科学方法是目前看来最合理的途径。它胜过宗教启示，因为它的理论可以通过实验来检验。那些存在缺陷的理论很快就会被取代或淘汰，这与宗教信条有很大的不同。科学方法也胜过哲学思考，因为它的理论是有实验证据支持的，而不是坐在那里思索问题得出的结论。

超越科学方法

然而，科学的发展已经突破了经典的科学方法本身的限制。导致这一情况的原因有很多，一部分是因为科学界最基础的内容基本都已经被研究和揭示过了，另一部分和现代技术的发展有关，特别是计算机技术一定程度上代替了科学方法为科学家们提供了研究宇宙的新技术。并且，现代科学所研究的领域更具抽象性和挑战性，传统假设式的科学方法已经不再适用了。

那我们是不是可以说，现在科学的发展已经揭示了宇宙运转的基本机制？显然不能，这样的说法不真实，也显得过于傲慢了。2005 年，《科学》杂志为了庆祝创刊 125 周年编写了一份清单，罗列了目前科学面临的 25 个宏大的、悬而未决的问题（最初的版本中有 125 个问题），比如宇宙是由什么构成的？意识的生物学基础是什么？物理定律能否统一？地球上的生命是如何、在哪里诞生的？人类在宇宙中是独一无二的吗？这些问题都还没有答案，尽管科学家们在其他 20 个问题上取得了一定进展，但还没有任何一个问题得到准确的回答。

为了回答这些问题，科学家们仍需要继续探索，但探索的模式或许要进行调整。只有将若干复杂的系统作为一个整体来研究，而不是孤立地研究这些系统的不同方面，大部分悬而未决的科学问题才有可能被解答。

这并不是说我们已经取得了所有重大的科学发现，只是用还原论可以取得的发现很可能都已经穷尽了。我们已经知道了元素是如何在恒星中形成的；我们研究出了 DNA 和蛋白质的结构；我们还知道为什么有些材料的导电性更好。这些认知都来自针对不同现象的具体方面所做的无数次实验。

然而，这种孤立的角度难以应对更复杂的系统的运作，如人类的意识和地球气候等。在这些系统里，元素之间的关系比元素本身更为重要。了解单个神经元工作的机制不足以解释人类的意识，了解二氧化碳如何吸收红外辐射也不能解释气候的变化。

计算机在科学中的应用

当元素之间的关系比元素本身更为重要时，计算机技术就有了用武之地。科学家探究复杂系统的方法之一就是为它们建立计算机模型。就像第23章提到的气候模型一样，这些模型是真实系统的简化版本。它模拟已知的物理或生物过程以及它们在系统中的相互作用。制作计算机模型的需求让许多全新的科学学科应运而生。一个例子就是系统生物学，其目的是了解细胞中许多生物分子（包括基因和蛋白质）之间发生的系统性的复杂的相互作用。

事实上，计算机正在接管越来越多的科学研究的过程。许多科学研究现在是完全自动化的，从蛋白质分析到天文学调查再到材料合成，都少不了计算机的参与。由此产生的大量数据同样也需要计算机来分析，除此之外，计算机还能判定数据中出现的趋势以及可能存在的模式。

但这种对计算机的依赖可能会带来潜在的隐患：科学家们对计算机正在做的事情和计算出的结果的理解会越来越少。如今，科学研究中的计算机模型类似于一个暗箱，它能够准确模拟某个复杂系统的部分元素，而科学家们并不真正理解其中的过程和机制。但无论如何，计算机和计算机模型仍然是研究复杂系统的重要工具，这是还原论本身无法替代的。

软件的失误

不可否认，计算机是科学家的得力助手，特别是当他们从研究简单的因果关系转向研究复杂的系统时。聚焦后者的研究往往依赖计算机来收集、存储、处理和分析大量的研究数据，实施复杂的数学计算以挖掘潜在的趋势和模式。但随着运算的复杂性逐渐增加，计算机也有可能出错，比如总结出本不存在的模式等。

功能性磁共振成像技术（MRI）就引发了相关的担忧。通常，这一技术的主要目的是获取病理信息，而不是用来探测大脑功能活动。因为血液会更多流向大脑的活跃区域，而血液会带来比神经所需要的更多的氧气，所以核磁共振成像技术还可以利用血氧水平反映血流信息，从而识别大脑中不同区域的功能。

为了确定某一区域的功能，科学家通常需要进行多个个体实验，之后再通过统计来比较大脑的活跃性。比如将执行某些特定任务的受试者的血流信息与不做任何事情的对照者的血流信息进行比较。解释功能性核磁共振成像技术涉及大量计算和推理，所以科学家们需要使用自行购买的统计软件包。然而，2016

年的一项研究显示，软件包得出的结果有可能是不可靠的。研究人员整理了若干个利用功能性核磁共振成像技术识别脑区功能的研究，并从中提取了对照组（不做任何事的受试者）的数据。随后，研究人员将这些数据随机分成两组，使用常用的软件包对两组数据呈现的大脑活跃程度进行比较。研究人员将该试验重复了多次，且每次都重新分配两组数据。

按理说，软件包处理的每一组数据的结果应该都是一样的，毕竟这些受试者什么都没做。但在分析了多组数据后，最终呈现的结果的差异却高达 70%。这意味着，常规的功能性核磁共振成像的研究结果可能也存在问题，软件的失误让科学家错误地判断或划定了大脑某一部分的功能。使用软件包处理研究数据的学科还有很多，现有发现的可靠性也因此被质疑，这也进一步加强了重复研究的重要性（见第 21 章）。

量子理论

宏观世界的复杂系统已经够让人头疼了，但我们接下来要面对的，是更复杂、更怪异的量子世界。美国物理学家理查德·费曼（Richard Feynman）曾说："我想我可以有把握地说，没有人真正理解量子力学。"

量子理论（quantum theory），也被称为量子力学（quantum mechanics），是研究微观粒子运动规律的物理学分支。对于微观粒子（原子和亚原子尺度）来说，我们熟悉的各种物理定律并不能发挥作用。

波粒二象性

在第 17 章我们了解到，可见光是一种电磁辐射。因此，可见光可以表现出波的性质，这是已被证明的事实。但在某些情况下，可见光也可以表现得像粒子，这也是经过证明的事实。尽管听起来很荒唐，但这就是所谓的波粒二象性：光波同时具有波和粒子的双重性质。

更令人吃惊的是，不仅光具有这样的怪异表现，电子、质子、原子甚至分子也有这样的行为。有时，它们表现得像波，有时又像粒子。这可以帮助我们理解量子世界令人不安的另一面：与宏观世界不同，我们不能同时知晓微观粒子（例如电子）的位置和动量（可以理解为速度）。事实上，我们了解越多关于电子动量的信息，关于电子位置的信息就了解得越少，反之也成立。事实证明，如果电子表现得像波，我们可以知道它的动量，而如果电子表现得像粒子，我们可以知道它的位置。

此外，这种既像波又像粒子的特性还会延伸到其他属性上，让亚原子粒子可以同时拥有两种相互冲突的属性。例如，电子拥有一种"自旋"属性，它与磁性有关，可以让电子向上或向下旋转。但只有在实际测量的时候，我们才能知道电子到底是向上还是向下旋转的。在测量之前，电子处于同时向上和向下旋转的状态。这种"叠加态"是量子计算机发展的基础（见第27章）。

这也就意味着，科学家在研究量子问题时无法真正做到客观和独立。在未受干扰的状态下，亚原子粒子会处于叠加态。只有当科学家实际探测这些粒子时，它们才会进入一种确定的状态，比如选择一个特定的位置或旋转方向。因此，科学家无法在不影响微观粒子的情况下研究它们，这意味着，许多经典科学方法都将失去作用。

正因为如此，科学家对于量子世界仍有许多不了解的地方，比如微观粒子的不确定性是如何转化为我们宏观物体的确定属性的。在宏观世界中，物体不能同时拥有相互冲突的属性，也就说，我们可以同时知晓物体的位置和动量。量子世界实在是太奇妙了，我们可能永远无法完全理解它。

不过，科学家不会停止探索量子世界以及相关问题，即使这是经典科学方法难以企及的领域。科学的未来拥有无数种令人兴奋的可能，尽管在许多情况下，科幻小说往往会率先预言未来。

我们能理解多少？

怪异、混乱的量子世界不禁让我们思考：有些事情我们或许永远无法理解。毕竟，人类努力进化出智慧，是为了帮助自己在非洲大草原上生存的，而不是为了揭开宇宙的奥秘。或许我们根本就不具备理解最深层次现实的能力，就好比我们不会指望鱼能理解高等数学。

还有一种可能，理解宇宙的方式或许有许多种，而我们的大脑恰好只能理解其中的一种。有着不同大脑构造的外星生命，说不定会以完全不同，但同样合理的方式来感知和理解宇宙。当然，也可能只是人类把所谓的"体系"强加给了宇宙，比如质子和电子可能只存在于科学仪器和理论中。也就是说，我们有可能不是在发现科学知识，而是在发明它们。

本章小结

- 科学家对宇宙进行观察，依据这些观察提出关于宇宙运作方式的假设，然后进行模拟实验来检验这一假设。

- 研究单一因素的因果关系的方法被称为还原论，它使科学家能够在一些细节上了解宇宙的各个部分是如何工作的。

- 还原论的方法不足以支持对复杂系统的研究，如人类的意识和地球气候。

- 计算机和计算机模型可能成为研究复杂系统的基本工具。

- 量子理论解释了能量和物质在不同原子水平上的行为。对于微观粒子（原子和亚原子尺度）来说，我们熟悉的各种物理定律并不能发挥作用。

拓展阅读

- Al-Khalili, Jim, *Quantum: A guide for the perplexed* (London: Weidenfeld & Nicolson, 2012).

- Horgan, John, *End of Science: Facing the limits of knowledge in the twilight of the scientific age* (New York: Basic Books, 2015).

Part Six

Science of The Future

第六部分

未来的科学

第 **26** 章

回到未来

根据科幻作品的预测，人类现在应该已经拥有了飞行汽车、月球基地和机器人。但实际上，我们掌握的是无线扬声器、透明防晒喷雾和智能手机等技术。当然，现实中的科技已经相当非凡，只是与人们早期的预测出入很大。

"预测是相当困难的，尤其是关于未来的预测。"这句格言的出处众说纷纭。有人说是诺贝尔物理学奖得主尼尔斯·玻尔（Niels Bohr），还有人说是美国棒球运动员兼教练尤吉·贝拉（Yogi Berra）。不过无论如何，这句格言本身是千真万确的，关于未来科技的预测更是难上加难。

对技术做出准确的预测之所以如此困难，是因为哪怕一项技术在理论上可行，也并不意味着它会被开发或广泛应用。

错误的预言

可视电话

100多年前，电话一问世，研究人员对可视电话的开发就一直如影随形。20世纪60年代，美国电话电报公司（AT&T）开发了一种可视电话。但直到互联网和微信、FaceTime等视频聊天软件的兴起，越来越多的人才能在通话时看见对方。AT&T的可视电话没能流行起来是因为这个系统相当昂贵，而且在当时，大多数人并不需要看到电话线另一端的人。现代互联网版本的可视电话并不比普通电话贵（事实上，它通常更便宜），因此人们更倾向于使用这一技术。

　　经济成本可能是决定一项新技术能否取得成功的最重要因素，因为一项昂贵的新技术必须提供远远超过现有技术的实质性好处，才有可能被推广。如果它非常有趣但并不是必需的，那么大多数人只会等待该技术变得更便宜，当然也有可能该技术技术一直很贵，不会降价。

电动汽车

　　目前，由充电电池供电的汽车日益普及，但它的发展之路仍然相对缓慢。尽管电动汽车一直被寄予厚望，但直到近些年，它才开始对传统内燃机汽车构成挑战。虽然电动汽车的充电站如今正在世界各地大量涌现，但它的续航里程仍无法与传统汽车相比，而且充电基础设施也相当不完善。不过，由于许多国家的石油燃料价格高昂，再加上人们对全球变暖和汽车尾气排放的担忧，以及特斯拉公司的CEO 埃隆·马斯克（Elon Musk）等先锋的推动，电动汽车的发展势头还是很值得期待的。

　　由燃料电池供电的汽车能否也会有这样的发展态势还有待观察。燃料电池的工作原理是将氢气或甲烷等燃料分解，释放出电子，再通过外部电路传输电子，从而产生电流。燃料电池也已经出现了很多年，用于为美国国家航空航天局的太空飞船等航天器供电，并且在理论上能让电动汽车比现在由充电电池供电的汽车行驶更远的里程。但它价格昂贵，也还有许多技术难题尚待解决，比如找到有效储存氢气或甲烷的方法等。

太空探索

不只是大众化技术会与经济现实发生冲突。1967年，致力于思考未来的美国杂志《未来主义者》（The Futurist）邀请了一批杰出人物，请他们预测未来几十年内将会发生什么。1997年，该杂志的编辑回顾了其中34条预言，看其准确与否，发现其中有23条命中了现实，而11条未命中。大多数未命中的预言都可以归咎于同一个因素，即载人太空探索的步伐放缓了。

继1969年7月21日人类首次登月以后，人们认为到20世纪末，第一个永久性太空基地将在月球甚至火星上建立起来。这个计划之所以没有实现，主要是因为把人送上月球需要花费巨额成本。在美苏争霸期间，美国曾经认为如果能在苏联人之前抵达月球，这个代价就是值得的，但这样的举动实在没有任何其他理性基础。

更现实地说，如果在月球上发现了大量石油或值钱的矿物，那么太空探索的现状可能会有所不同。

飞行汽车

19 世纪末，关于飞行汽车的想象十分流行，尤其是在法国。在表现未来景象的法国香烟盒上能找到飞行汽车的图案；在一幅描绘想象中的 1940 年的素描里，飞行汽车绕着埃菲尔铁塔盘旋；在一张展示 2000 年人们离开巴黎歌剧院的印刷品上，也有它的影子。

自从 19 世纪晚期内燃机发明以后，汽车飞上天空似乎只是一个时间问题。但显然，没有简单的机械装置可以做到将汽车送上天。20 世纪 20 年代，第一架现代直升机的诞生让人们对私人直升机有了稍微现实一点的想象，但这也从未真正实现过。尽管最近无人驾驶飞机（unmanned aerial vehicle，UAV）的兴起开始验证这一想法。但是，对于大量的交通工具而言，在地面上行驶的确更简单、便宜，也更安全便捷。

我们为什么有火箭？

有一部分预测中的技术从未实现，但有一些重要的技术毫无征兆地到来。1937年，美国国家科学院组织了一项旨在预测未来技术突破的研究。虽然这项研究成功命中了未来的某些技术，但它完全未能预测到一些最具突破性的未来技术，比如计算机、喷气式飞机、抗生素、火箭和核能。

计算机是从哪里来的？

有一项技术似乎令每个人都大吃一惊，那就是计算机。如上所述，1937年美国国家科学院的那项关于未来突破性技术的研究完全未能预测到它的出现。虽然20世纪30年代的科幻小说里遍布机器人、宇宙飞船和射线枪，但几乎无人提及计算机。

甚至当计算机在20世纪40年代末变成现实以后，包括它的开发者在内，也没有人预见到它会变得如此小巧且无处不在。1949年，美国杂志《大众机械》（*Popular Mechanics*）仅仅保守预测出"未来的计算机重量可能不超过1.5吨"。

20世纪40年代，IBM公司的创始人托马斯·J. 沃森（Thomas J. Watson）声称，整个美国只需要几台计算机。甚至直到20世纪70年代，美国数字设备公司（Digital Equipment Corporation）的董事长仍宣称："任何个人都没有理由在家里拥有计算机。"

第二次世界大战的影响

但我们也不必过于惊讶，因为以上事实正说明了进行技术预测时面临的另一个主要困难：有时某个单一的、不可预见的事件会彻底改变整个技术图景。第二次世界大战就是绝佳的例子，它在美国国家科学院的那项技术预测研究之后两年爆发，并为所有这些惊人的技术的发展提供了动力。

计算机的发明部分源于密码破译活动，原子弹的研制成功让核能引人瞩目，战争还促进了火箭和喷气式飞机的发展。虽然第一种抗生素——青霉素早在 20 世纪 20 年代就被发现，但在用于治疗战争期间的伤员时才真正突显出其价值。战争中断了某些研究，改变了研究的优先次序，使科学和技术研究朝着全新的、不可预测的方向发展，最终缔造出了我们的现代世界。

科幻小说里的预言

当然，科幻小说里的许多未来技术并不是作为特定的技术预测提出的，而仅仅是作为故事的元素出现的。甚至在科幻小说成为一个公认的文学类型之前，作家们就已经开始想象未来技术，并且有的技术随后出现在了现实世界中。

例如，文艺复兴时期的英国科学家弗朗西斯·培根（Francis Bacon）在其 1627 年出版的乌托邦小说《新亚特兰蒂斯》（*New Atlantis*）中，幻想了一个由科学、技术和贸易主导的理性社会，居民们享受着冰箱、飞机和潜艇带来的好处。法国作家西哈诺·德·贝热拉克（Cyrano de Bergerac）在他 1655 年的《月球之行》（*The States and Empires of the Moon and Sun*）一书中，用一系列按顺序点燃的火箭将他的男主人公送上了月球，这个设定在概念上与今天使用的多级火箭类似。

然而，直到工业革命前夕，作家们才开始把他们未来主义式的幻想建立在最新的科学知识之上。19 世纪，遵循这条路径写科幻小说的最著名的两位作家是儒勒·凡尔纳（Jules Verne）和赫伯特·乔治·威尔斯（Herbert George Wells），但他们也决不会让科学现实限制一个好故事的发展。

在《从地球到月球》（*From the Earth to the Moon*）中，凡尔纳用一门长达 300 米的大炮将他的小说人物发射上了月球，即便他知道在现实中这样突然的加速会杀死他们。在威尔斯的《最早登上月球的人》（*The First Men in the Moon*）中，某人发明了一种可以消除重力影响的物质，并利用它前往月球。

尽管偶尔有这些纯属幻想的情节，但两位作家都准确地预测了未来的技术。凡尔纳在《海底两万里》（*Twenty Thousand Leagues under the Sea*）中预言了现代潜艇，而威尔斯则在《获得自由的世界》（*The World Set Free*）中预言了核能和原子弹。

从那以后，科幻作家们正确地预言了一系列未来技术，包括太阳能、机器人、电视、纳米技术和水床。事实上，美国作家罗伯特·海因莱因（Robert Heinlein）在他的几个科幻故事中都将水床描绘得无比详细，以至于让第一个实际发明了水床的人都无法获得专利。

从科幻小说到事实

在预测未来方面，科幻小说家比其他的技术预测者具备一些重要的优势。首先，他们编造出了如此众多的未来科技，其中总会有一些最终变成现实，这不足为奇。其次，他们也不需要为某项技术的产生与发展制定明确的时间表。还有一个重要的优势是，他们的作品实际上可以刺激其所虚构的技术的发展。

有时科幻小说家们是有意这样做的。1945 年，英国科幻小说家阿瑟·C. 克拉克（Arthur C. Clarke）发表了一份关于建立轨道通信卫星系统的详细提案。尽管其他科学家也有同样的想法，但这份提案准确预示了目前环绕地球的商业和军事卫星信号的覆盖范围。

俄罗斯火箭先驱康斯坦丁·齐奥尔科夫斯基（Konstantin Tsiolkovsky）1920 年出版的小说《地球之外》（*Beyond the Planet Earth*）概述了许多后来被用于太空飞行的技术，包括由液态氢和液态氧混合而成的火箭推进剂。他的构想影响了许多未来的太空科学家，在苏联的影响尤为深远。

但更多时候，科幻小说家并非有意为之。技术和文学的巧合只是因为许多从事实践工作的科学家和工程师都是科幻小说迷，他们从自己所读到或看到的内容中汲取了灵感，这才使得科幻小说家的预言变为现实。在这方面，电视剧《星际迷航》（*Star Trek*）尤其富有影响力：它不仅直接催生了自动滑动门的出现，而且早期翻盖手机的设计显然也参考了剧里人物使用的通信设备。

展望未来

科幻电影的历史几乎和电影本身一样悠久，法国电影制作人乔治·梅里爱（Georges Méliès）1902年执导的《月球之旅》（*A Trip to the Moon*）就是最早的科幻电影之一。这样看来，科幻电影中设想的遥远未来如今成为现实也就不足为奇了，也让我们得以评估他们的预言有多准确。

比如1989年的《回到未来2》（*Back to the Future Part II*），则没有那么离谱。虽然到2015年，我们还没能拥有电影中预言的飞行汽车或悬浮滑板，但电影中所描绘的被语音激活、显示屏和指纹识别等现代技术所束缚的社会景象的确令人感到似曾相识。让人倍感熟悉的是，这些未来技术很大程度上要归功于如今仍在我们身边产生影响的公司，比如丰田、耐克和百事。

将知名公司置于以未来为背景的电影中，是电影制作人让自己的"未来"看起来更现实可信的一种常见手段，但这样做并非没有风险。史上最著名的两部科幻电影——1968年的《2001：太空漫游》（*2001: A Space Odyssey*）和1982年的《银翼杀手》（*Blade Runner*）就证明了这一点。当这两部电影所设想的未来（分别是 2001 年和 2019 年）到来时，电影中所提及的一些公司或已倒闭，或被其他公司合并，或几乎完全从人们的视野中消失了。

泛美航空公司（Pan American World Airways）就是这样。该公司曾在《2001：太空漫游》中运营太空飞船，并出现在《银翼杀手》中的电子广告牌上。其他例子还包括《2001：太空漫游》中的豪生（Howard Johnson）、《银翼杀手》中的雅达利（Atari）以及两部影片都提到的贝尔电话公司（Bell Telephone Company）。非常聪明的是，当《银翼杀手》的续集《银翼杀手 2049》（*Blade Runner 2049*）于 2017 年上映时，影片里仍然出现了泛美航空公司和雅达利，既作为与原电影的连接，又借此强调了这两部电影都发生在另一个时空中的未来。

本章小结

- 许多被广泛预测的技术要么出现得比预期中晚很多（比如可视电话），要么至今还没有出现（比如飞行汽车）。

- 经济可能是决定一项新技术能否取得成功的最重要因素。

- 就像许多预测过的技术从未实现一样，也有许多重要技术毫无征兆地到来。

- 第二次世界大战推动了一系列出乎意料的技术的发展，包括计算机和火箭。

- 科幻书籍、电影和电视节目有时能够刺激其所虚构的技术的发展。

拓展阅读

- Maynard, Andrew, *Films from the Future: The technology and morality of sci-fi movies* (Miami: Mango Publishing, 2018).

- Tetlock, Philip, and Gardner, Dan, *Superforecasting: The art and science of prediction* (London: Random House Books, 2016).

第 27 章

人工智能

在科幻电影中，机器人和智能机器往往被刻画为负面的形象。它们要么发了疯，想要杀了我们，比如《2001：太空漫游》中的电脑哈尔（HAL）；要么作为邪恶阴谋的一部分，被设定为要杀死我们，比如《异形》（*Alien*）中的机器人阿什（Ash）；要么认为我们低人一等，所以它们要杀死所有人类，就像《终结者》（*The Terminator*）系列电影里发生的那样。如果我们足够幸运，它们可能只是要奴役我们，就像《黑客帝国》（*The Matrix*）系列电影展示的那样。

当然也有例外，没有那么有敌意的，比如《星球大战》（*Star Wars*）系列电影中的 R2-D2、C-3PO和 BB-8，以及《星际迷航：下一代》（*Star Trek: The Next Generation*）中的数据（Data）。但即使是服务于人类的机器，在需要时也可能相当致命，比如电影《银翼杀手》中的"复制人"，因此不值得信任。科幻小说告诉我们，一旦机器变得比人类更聪明、更强大，它们很快就会攻击我们。

尽管有这些严厉的警告，但科学家和工程师们仍在致力于开发更精细复杂的计算机和机器人，它们可以自己行动、思考和学习。计算机科学的这个分支被称为人工智能（artificial intelligence，AI）。

机器人与智能机器

我们的目标是生产出像人类一样智能、自主和灵活的机器，并希望它们对人类没有敌意。这些机器可以帮助我们做各种各样的事，从做家务活到解决眼前棘手的问题。我们甚至还可能出于各种目的，开发出有意识的机器，但这显然会引发一大堆道德和伦理问题。

机器人观察指南

在科幻电影和小说中，各种各样的术语都用来指代有自主性的机器：从机器人（robot）到人形机器人（android）再到半机器人（cyborg）。它们之间有什么区别呢？

机器人本质上是指不受人类直接控制就能移动的机器；人形机器人是指外形看上去像人类的机器人；半机器人是指既有机械部分又有生物部分的机器。因此，R2-D2 是一个机器人；《异形》系列电影中的阿什和毕晓普（Bishop）是人形机器人；而第一代终结者是个半机器人。

硅芯片的局限性

为了创造出这样的未来机器，科学家们不仅要生产出比现有计算机更强大的版本，还需要开发全新的计算技术。

正如第 18 章所讲到的，现代计算机是根据硅（和锗）的半导体特性构建起来的，以无处不在的硅芯片的形式出现。通过将越来越多的晶体管压缩到硅芯片上，科学家和工程师已经制造出越来越强大的计算机，它们能够在更短的时间内进行极其复杂的运算。但是科学家现在开始遭遇物理上的限制，这将使这项工作难以为继。

事实上，即便晶体管仍在不断缩小，硅芯片的计算速度自 2005 年以来就已经趋于平稳。因为硅芯片的计算速度取决于晶体管的开关速度，而晶体管的开关速度又取决于施加在晶体管上的电压的大小。我们现在已经抵达了一个临界点：这个电压值不能再小了，否则将无法有效控制晶体管的开关。

更重要的是，晶体管可能也无法持续缩小下去。目前制造晶体管的方法，包括用光束将它们刻到硅芯片上，似乎都已达到原理上的极限。即使这些限制能够被克服，随着晶体管缩小到分子水平，它们也将越来越多地暴露在量子效应光怪陆离的世界中。

其中一种量子效应叫"电子隧穿"，即电子基于概率的特性导致它们穿过物理屏障。引发的后果是，即使在晶体管关闭的情况下，电流也会开始通过晶体管泄漏。因此，在科学家制造出高度智能、有意识的计算机之前，硅芯片可能已被取代了。

新型计算机芯片

所以，科学家正在研究一些新型的计算机芯片，它们将不太容易受到上述种种限制。例如，一些科学家正在研究用碳纳米管和石墨烯等纳米材料来取代硅，用光束来取代电流，光束比电流速度更快（因为它以光速传播），但它也更难操作和控制。

另一些科学家则在探索更激进的方法。如果硅晶体管缩小到分子尺度时工作会发生问题，也许解决办法就是用真正的分子来取代晶体管。这就是分子计算背后的想法。科学家已经制造出可以复制各种不同逻辑门的分子系统，包括"与门"、"或门"和"非门"（见第 18 章）。

基本的方法是设计一个只执行某个特定动作的分子，比如，如果它与一个或多个其他分子结合（输入），那么它就会导电或发光（输出）。和硅基芯片逻辑门一样，这些分子逻辑门也可以连接在一起以进行更复杂的运算，比如加法和减法。

逻辑门的创建灵感来自 DNA 和 RNA 等生物大分子，后者还可以作为一种数据存储的形式。在这里，"输入"往往是酶等生物分子，"输出"则是在某方面经过修改（如被一分为二）的 DNA 或 RNA 链。

并行处理

分子不只是为传统计算提供了一种新方法，它还为一种全新类型的计算提供了可能性。现有的硅基计算机可以非常迅速地进行简单的运算，但一次只能进行一个运算。好在现代计算机的处理器是分隔开的，因此不同的部分可以在同一时间执行不同的操作，这才减轻了这一问题带来的影响。然而，传统计算机本质上仍是串行的，即每个部分都需要完成操作后才能进入下一个部分。

这意味着计算机非常擅长执行复杂的数学计算，但不太擅长解决其他类型的问题，特别是那些需要并行处理的问题。

"旅行推销员"问题就是一个很好的例子，它涉及如何确定几个城市之间的最短路线。快递公司每天都面临着这类问题，但传统计算机只能通过煞费苦心地比较每一个可能的选择来解决这一问题。如果城市有很多个，那么再强大的计算机也很难想出一个解决方案。

另一方面，分子计算机可以被设计成能够同时考虑所有可能的选择。这可以通过创造代表每种解决方案的分子或 DNA 链来实现，然后让它们相互作用，在这个过程结束时只剩下最佳的解决方案。

这听起来好得令人难以置信，但以这种方式工作的分子计算机已经解决了对硅基计算机来说棘手的简单逻辑问题。

使用量子位处理

为了实现真正的并行处理，科学家正将目光转向量子世界，试图用量子位代替位。正如第 18 章讲到的，单个的位可以是 1 或 0。利用量子实体可以以"叠加态"存在的这一事实（见第 25 章），那么单个量子位可以同时是 1 和 0。

这个事实蕴含的意义是惊人的：10 个位可以以1000 多种不同的状态存在（2^{10} 种），但一次只能有一种状态；而 10 个量子位可以同时以 1000 多种不同的状态存在。仅仅 300 个量子位就可以同时以比宇宙中的原子数量还多的状态存在（2^{300} 或 10^{90} 种）。

要想利用如此大规模的并行处理能力将困难重重，但绝非毫无可能。科学家已经在研究将各种粒子作为可能的量子位，包括光子、电子和单个离子。我们唯一需要的就是让这种粒子拥有可以存在于两种状态的性质，以此代表 1 和 0。例如，电子有一种自旋的特性，它可以向上或向下。

科学家还拥有操控单个量子位的技术，使它们能够被建立起来进行计算。例如，单个原子和离子可以通过激光器和光频梳来控制，光频梳可以产生特定频率的光。

使用量子计算

一个更具挑战性的问题是，如何读出任一量子计算的答案，因为一串量子位只有在不受任何干扰的情况下才能以"叠加态"存在。一旦科学家探测到这些量子位，叠加就会瓦解，每个量子位都将采取一个固定的值——要么是 0，要么是 1，就像位一样。与分子计算类似，这个问题可以通过设置一些条件来解决，使叠加自动坍缩成代表正确答案的由 0 和 1 组成的字符串。

与之相关的问题是，任何对量子位的干扰，即便只是被一个杂散光子击中，都会导致叠加坍缩为 0 和 1 的随机混合。该问题的一个解决办法是用一组具有相同量子态的粒子来表示一个量子位，而不是只用单个的粒子来表示。

这样的集合可以包含数万亿个原子。因为它们都具有相同的量子态，所以它们仍然可以作为单个的量子位存在；并且因为集合包含数万亿个量子位，所以它们对干扰的抵抗力更强。例如，核磁共振技术可以将一个烧瓶中的水里的所有氢原子核（或称为质子）置于相同的量子态。

利用这些技术，谷歌和 IBM 等公司已经开发出好几代量子计算机，它们的量子位数量越来越多，截至本文撰写时已达到 72 位。这些早期的量子计算机已被证明很擅长因数分解（将一个数字分解成一串更小的数字，当它们相乘时仍产生原来的数字）。这是硅基计算机在处理大量数字时很难做到的事情，而因数分解构成了加密系统的基础，有了它我们才得以在互联网上进行安全的金融交易。

研究人员目前正在挖掘最适合量子计算机的各种潜在的应用方向。这些应用方向往往涉及寻找大量可能的解决方案，例如预测新材料应用、计算财务风险等。

拥有学习能力的计算机

说了这么多，但想要开发智能机器的科学家还没准备好彻底放弃硅材料。现有的计算机其实已经复杂强大到足以展示高水平的智力、创造力和学习能力，而我们只需要找到一种有效的方法让它们拥有这些能力。

科学家已经制造出了拥有学习能力的计算机。实现这种所谓的机器学习的途径之一是借助人工神经网络，其目的是模拟人类大脑的结构。人工神经网络由大量节点组成，这些具有设定值的节点连接在一起，形成一个巨大的网络，将输入转化为特定的输出。因为节点的值和节点之间的连接强度可以改变，网络会随着经验的变化而变化，从而允许主机进行学习。

这些神经网络已被用于创建计算机系统，可以让计算机学习执行越来越复杂的任务，从诊断疾病到驾驶汽车。有朝一日，这种方法甚至可能产生有意识的机器。人类是有意识的，而最强大的超级计算机却没有，一个可能的原因是，我们从出生起就沉浸在一个丰富的感官环境中，我们可以与之互动。如果机器也拥有这种丰富的感官体验，它们也极有可能自然地发展出意识。

在这一点上，也许我们应该认真关注我们独特的禀赋。

好奇心教会了计算机学习

具有讽刺意味的是，机器的学习目前在很大程度上仍依赖人类的参与。因为要想让计算机学会如何下棋、识别肿瘤或驾驶汽车，它首先需要接受训练。

所谓训练，包括设置计算机系统的人工神经网络中的节点值及节点之间的连接强度，这至关重要，因为学习过程正是这样进行的。一种方法是让系统接受大量的输入，直到它学会我们想要的输出，比如准确区分男性和女性的脸。另一种方法是在可控环境中设置一些特定目标，如赢得一个游戏，然后让系统尝试各种不同的方法来实现目标。无论是哪种方法，都需要人类监督、指导训练，并提供反馈，告诉系统它做得怎么样。

这种训练方法在过去几年里相当成功，导致了虚拟助手的兴起，如亚马逊的 Alexa 和苹果的 Siri，还创造了能够击败最优秀的人类围棋大师的系统，但这需要耗费人类大量的时间和精力。

不过，现在计算机科学家可能已经找到了另一种方法：通过赋予计算机系统一种非常像人类的品质——好奇心，来让它摆脱人类训练者。这种好奇心的表现形式是，系统根据自己所接触到的数据做出的预测出现了偏差，而它被设计为旨在发现任何有趣的偏差，并进一步去探索它们。这种由好奇心驱动的系统已经显示出在没有任何指导的情况下学习如何玩简单的电脑游戏的巨大潜力，因为它们很快就学会了许多玩家早已知道的东西：在游戏中死去再从头开始是很无聊的。

本章小结

- 人工智能是计算机科学的一个分支，致力于开发能够自己行动、思考和学习的计算机和机器人。

- 科学家不仅利用石墨烯等材料制造出了现有计算机的更强大版本，还开发了全新的计算技术，比如分子计算。

- 量子计算中使用的量子位能够以"叠加态"存在，即允许单个量子位同时是 1 和 0。

- 像谷歌和 IBM 这样的公司已经开发了几代具有更多量子位的量子计算机。

- 机器学习是通过由大量节点组成的人工神经网络实现的，这些具有设定值的节点连接在一起，形成一个巨大的网络，将输入转化为特定的输出。

拓展阅读

- Fry, Hannah, *Hello World: How to be human in the age of the machine* (London: Doubleday, 2018).

- Gribbin, John, *Computing with Quantum Cats: From Alan Turing to teleportation* (London: Black Swan, 2015).

第 **28** 章

零度空间

即便人类成功逃过了机器人大猎杀带来的灭绝，或是被超级智能计算机奴役的结局，我们依然有可能被一群无意识的纳米机器人所彻底消灭——这便是"末日设想"（grey goo）的情节。"末日设想"最初由美国纳米技术先驱埃里克·德雷克斯勒

（Eric Drexler）提出，之后便在各种小说作品中流行开来，包括迈克尔·克莱顿（Michael Crichton）的小说《掠食者》（*Prey*）。

这个设想担忧的是，一些出于正常目的（比如清理石油泄漏）开发的具有自我复制能力的纳米机器人，开始摆脱人为控制、不断进行自我复制，并逐渐吞噬其行动路径上的一切。按照德雷克斯勒的说法，如果这些纳米机器人每 1000 秒复制一次，那么在 10 小时内，它们的数量将逼近 700 亿；一天之内将重达 1 吨；两天之内，它们的质量就可以超过整个地球。

现在看来，这个担忧显然有些站不住脚，尤其是这种具有自主性、可自我复制的纳米机器人如今已经存在有机的版本。然而到目前为止，即便细菌和病毒已经无处不在，它们也尚未在繁殖的狂欢中吞噬整个地球。

然而，破坏性更小、没有复制能力的纳米机器人其实具有更现实的前景，特别是将其用于人体内部这样的有限空间中。在身体中，纳米机器人可以不断监测我们的健康状况，寻找疾病的迹象、细胞的损伤或者任何机体运行失常的征兆，比如异常细胞分裂这种会导致肿瘤的征兆。纳米机器人与人体的免疫系统协同工作，可以阻断这些病变的过程，防治疾病，极大地延长我们的寿命。

用金纳米粒子治疗癌症

研发出能担任外科医生和诊断医师的迷你机器人还有很长的路要走，但用于治疗特定疾病和机能紊乱的简单版纳米机器人已经研发成功。例如，科学家正在利用纳米粒子出色的能力（见第19章）来定位和治疗恶性肿瘤。

一种实现途径是将金纳米粒子聚集在肿瘤周围，再用红外线照射。使用红外线是因为它比可见光更容易穿透人体组织（因为人体是不透明的）。吸收这种红外线后，金纳米粒子会被激发出特定频率的荧光，根据荧光的范围和强度医生便能确定肿瘤的精确位置和大小范围。

但这还不是全部，吸收红外线会让金纳米粒子升温，当温度升到足够高时，便足以杀死癌细胞。利用红外线快速照射可以产生肿瘤图像，而长时间照射则可以将肿瘤杀死。

显然，成败的关键在于让金纳米粒子只聚集在肿瘤周围，从而确保粒子不会伤害到健康细胞。有两种方法可以做到这一点。最简单的办法是利用血管的特性，因为给肿瘤提供营养的血管壁上有比正常血管壁更大的孔洞，这样我们只需要制造出特定大小的金纳米粒子：大到让它无法从正常血管中逃逸，但又小到可以从肿瘤周围的血管中穿行。另一种更有针对性的办法是在金纳米粒子表面包裹一种蛋白质的抗体，这种蛋白质只能在癌细胞表面找到。

其他纳米粒子也可以通过诸多方式杀死癌细胞，比如含铁的或能与人体内铁离子结合的纳米粒子。因为铁能催化含氧分子（也就是活性氧）的产生。正如名字所显示的那样，活性氧具有高度活性，使得含铁纳米粒子可以充当微型手榴弹，将癌细胞炸开。

再者，纳米粒子可以将抗癌药物储存在粒子内部或携带于粒子表面，当它们到达肿瘤时再将药物释放出来。这为抗癌药物治疗提供了一种更安全的方式，因为许多药物的剧毒性不仅针对癌细胞，同时也对健康细胞有害，所以癌症患者在接受化疗时会遭受巨大的痛苦。而这种粒子治疗方法的早期版本——将抗癌药物包裹在一种叫作脂质体或人血白蛋白的脂肪泡中——已经在临床上得到应用。

像这样利用纳米粒子，可以在不暴露健康细胞的情况下，用极少的高毒性药物消灭肿瘤。因而可以使用一些在常规癌症治疗中由于毒性过强而被限制的药物。

总之，纳米粒子可以利用血管的"漏洞"或者携带癌细胞靶向抗体直达肿瘤。尽管如此，还有诸多挑战尚待克服，科学家正在探索一系列方案来实现这一目标。

通过自身免疫系统

首先，这些纳米粒子不一定真的能到达肿瘤。讽刺的是，这是人体自身免疫系统带来的难题，正如我们在第 9 章中提到的，免疫系统对任何外来粒子都极具排斥性。因此要接触到肿瘤，纳米粒子必须先避免被巨噬细胞吞噬或者被酶攻击。

有一种方法是将纳米粒子嵌入特定物质中，就算人体免疫系统检测到它也会将其判定为不构成威胁，便不会对其进行攻击。这些物质包括明显安全的生物材料，比如蛋白质和脂质，也包括硅酮这样的特定聚合物。

另一种方法是给纳米粒子一股推力，让它在免疫系统有机会做出反应之前便抵达肿瘤。要实现这点，可以利用一些天然存在于体内的生物分子作为能量（比如葡萄糖），或者利用体外的动力源（比如磁场）。还有一种选择是将纳米粒子附着在一个生物实体上，这个生物实体能够自行穿梭于体内，比如带鞭毛的细菌或精子。

但是，假设纳米粒子避开了免疫系统成功抵达肿瘤，那么它又将如何释放抗癌药物呢？如果纳米粒子是可渗透的，那么药物可以直接从中扩散出去，但如果你只想在抵达肿瘤后才释放药物，这就行不通了。或者你可以将纳米粒子设计成需要间隔一段时间后才会降解的类型，并确保间隔时间长到足以让纳米粒子到达肿瘤，但这不是十分可靠。

再者，你可以设计一种纳米粒子，只有在特定刺激的作用下才会释放药物。该刺激可以由医生从外部提供，例如用红外线照射纳米粒子；也可以由肿瘤细胞周围的环境提供，因为肿瘤周围的环境在某些方面和健康细胞的环境不同，比如它的酸性更强。

激活免疫系统

免疫系统非常擅长攻击外来入侵者，不管是病毒还是纳米粒子，但是它在攻击癌细胞方面就不那么拿手了。早在很久以前，科学家就已经发现癌细胞能够逃脱免疫系统的识别，他们判断这可能是因为癌细胞是由人类自身细胞变异而成的，并非外来入侵物质。然而直到最近，科学家才开始逐渐揭开癌细胞逃脱机制的面纱，并由此开发出一种治疗癌症的全新方法——免疫疗法。

免疫系统是一个强有力的武器，如果它出现偏差，开始攻击错误目标，就可能引发严重后果，比如导致多发性硬化症这样的自身免疫性疾病。为了防止这种情况发生，免疫系统有各种制衡机制，其中包括可以防止免疫系统发起攻击的、存在于细胞表面的蛋白质，甚至在通常会引发攻击的抗原表面也能找到这种蛋白质。癌细胞就像带着伪造文件的间谍一样，会利用这些带有"请勿攻击"文件的表面蛋白质，降低自身被怀疑的可能性。

然而，近日科学家已经着手开发某些药物，可以让这些表面蛋白质失去活性，拆穿癌细胞的"诡计"，让免疫系统掌控全局、发动攻击。一些名为免疫检查点抑制剂的药物现已上市，并且还有更多药物正在研制中。这类药物对于多次变异的癌症最有效，比如黑色素瘤和肺癌，因为这些癌症产生了大量可供免疫系统锁定的抗原。

搭配使用这些药物或者将其与放化疗等传统癌症治疗方法一起使用时效果显著。更重要的是，它们启发了科学家探索新方式，比如研发基于癌症抗原的疫苗和基因修饰的免疫细胞，成功让免疫系统参与到对抗癌症的斗争中。

针对其他疾病的智能植入体

对于其他慢性疾病和机体失调，挑战从在特定时间和部位释放药物，变成了在需要时可以反复释放药物。为了实现这一点，科学家正在研发下一代智能植入体，能够针对疾病特有的刺激产生反应，实施适当的治疗。

例如，科学家正在开发一种可植入的电子设备，这种设备可以对心脏病发作前的最初生理迹象进行判断并释放救命药物，这些迹象可能是心脏的异常表现或者血液中出现某些特征的蛋白质。如果这些设备由柔性半导体塑料制成，它们还能与身体内部紧密结合。

最新的植入式心脏起搏器和除颤器已经可以监测心脏的动态，它们的原理都是通过电流刺激心脏，防治心律失常。心脏起搏器和除颤器与一个基站进行定期无线传输，向基站汇报器械的运行状况和心脏的状态。基站再将这些信息通过互联网发送给医生，如果心脏开始衰竭，医生就可以尽早进行干预。

最终，我们的身体也许能嵌入一整套智能植入设备，不断监测体内的重要机能，持续在设备之间、与外部世界之间进行无线传输，并自动触发从电流刺激到药物释放的一系列适当治疗。正如前面所提及的，这个系统很可能进化成一整套可持续循环的医用纳米机器人装备。

刺激组织生长

可是在此之前，我们将继续遭受疾病和机能紊乱的折磨，其中一些疾病可能导致体内组织甚至整个器官的移除。目前，我们唯一的选择是采用移植的方式替换受损的组织和器官，移植材料通常是从病人自己身上获取，或者从其他刚去世的人体上获取。但很显然，可获取的人体器官和组织是有限的，而捐赠器官的供应也不够可靠。

因此，科学家正在研究从实验室中培育人体组织和器官的方法。例如，科学家现在可以通过刺激病人的正常骨骼，生成额外的骨骼，这些再生的骨骼可以用于替换因疾病或事故而失去的骨骼。

另一种方法是将某种支架植入患者体内，让组织细胞在支架上生长。这种方法通常用于修复心脏上的小孔：在孔上放置一块织物，心脏细胞便可以在织物上生长，而织物最终会在体内降解。但现在，科学家正致力于在更大范围以及三维空间中实现这一点。

培养新细胞的材料

科学家正在利用各种材料来实现以上提及的目标，包括水凝胶、形状记忆聚合物和纳米纤维静电纺丝。水凝胶是由高分子聚合物通过交联构成的一种具有网络结构的高分子材料，分子来源分为合成和天然两大类，它是一种吸水性很强的凝胶，含水量可高达99%，因此具有类似于生物组织的特性。形状记忆聚合物可以被压缩，所以能方便地植入人体内，植入之后受到环境刺激（通常是人体的温度），它们便能自然恢复到原来的形状。纳米纤维静电纺丝则是通过电力作用从聚合物溶液中拉制出来的，就像棉花糖一样。

接下来的基本设想是利用细胞，一般是某种形式的干细胞，加上促进生长的化学物质来浸润这些材料，这样它们就为新细胞的生长提供了一个三维立体支架。用大量不同材料来做支架的优势在于：不同类型的细胞喜欢在不同性质的材料上生长，而且通常对不同材料的反应也有差异，因此材料的多样性使得科学家可以根据细胞特性和所需的细胞行为来定制支架。

科学家已经成功地在这些材料上培育出皮肤、神经元、骨骼和软骨等生物组织。他们希望最终可以在实验室里用病人自己的细胞培育出整个器官，甚至用 3D 打印机将器官打印出来，再将其移植入病人体内。他们的目标已经实现了一部分：3D 打印机可以沉积细胞和聚合物的混合物，混合物可以长成活体组织，而类器官这样简单版本的器官，则可以通过诱导性多能干细胞生成（见第 20 章）。

增强身体机能

但新的植入技术能实现的或许不仅仅是保持人体健康，它还能进一步改善我们的身体机能。可参照的虚构作品是 20 世纪 70 年代的电视剧《无敌金刚》（*The Six Million Dollar Man*），故事中的前宇航员通过仿生技术植入了四肢和眼睛，拥有了超人的力量、速度和视力。

科学家现在正在开发这种仿生四肢，但他们发现要再现人体现有的身体机能尚且很难做到，更遑论其他。尽管如此，某些研发中的技术还是能增强我们的机能，比如拥有内置显示器的隐形眼镜。此外，科学家已经开发出比原本的生物材料更坚硬的版本，例如基于碳纳米管生长的骨骼。甚至有人设想在大脑中植入电子设备，以此提高人的智力和记忆力。

本章小结

- 科学家正在利用纳米粒子出色的能力来定位和治疗恶性肿瘤。

- 纳米粒子可以利用血管的"漏洞"或者携带癌细胞靶向抗体直达肿瘤。

- 免疫疗法通过屏蔽癌细胞用来躲避攻击的表面蛋白质，使免疫系统参与到对抗癌症的斗争中。

- 科学家正在研发下一代智能植入体，能够针对疾病特有的刺激产生反应，实施适当的治疗。

- 科学家正在研究如何在实验室中培育或打印出人体的组织和器官，以便植入病人体内。

拓展阅读

- Graeber, Charles, *The Breakthrough: Immunotherapy and the race to cure cancer* (London: Scribe Publications, 2018).

- Piore, Adam, *The Body Builders: Inside the science of the engineered human* (New York: HarperCollins, 2017).

第 **29** 章

太空漫游

在电影里，穿越广阔的星际空间看起来轻而易举。你只需要跳进"企业号"（USS Enterprise）或"千年隼号"（Millennium Falcon），打开曲速引擎，操纵飞船驶入超空间之中，接着，"嗖——"的一声便进入了另一个星系。但事实上，我们不仅远远没有开发出这样的宇宙飞船，也不可能以这样的方式旅行。

但这并不意味着人类无法穿越整个宇宙，我们只是需要更多时间。

哪怕只是想有条不紊地征服宇宙，我们仍需要开发新型的飞行器和动力系统。目前，人类通过火箭进入太空，它的工作原理和放烟花是相同的。化学燃料被转化为高温高压的气体，它们由许多快速移动的分子所组成，这些分子从火箭下方喷射出来，朝相反的方向推动火箭上升。

将火箭送入太空

这一运动可以用作用力和反作用力来解释。17 世纪，英国的天才科学家艾萨克·牛顿（Isaac Newton）首先提出了这一定律。根据牛顿第三运动定律，两个物体之间的作用力与反作用力大小相等，方向相反，作用在同一条直线上。也就是说，如果火箭的尾部喷出高温高压的气体，那么火箭将朝前方运动。

这些气体不需要通过施加在任何东西上面来提供动力；否则，火箭便不能在空旷的宇宙中行驶了。只需朝同一个方向施力，就能在相反的方向上得到一个相等的力。

能用于火箭的燃料有许多种，但对于太空火箭来说，最主要的推进剂是液态氢和液态氧的混合物。在高温和高压的环境中，液态氢和液态氧发生反应，产生一股极热的水蒸气，它以高达 4.5 千米 / 秒的速度从火箭后部喷射出来。

让火箭在太空中航行

这足以使宇宙飞船加速，直到逃脱地球引力的限制——所需要的速度为 11.2 千米 / 秒（每小时超过 40 000 千米）。一旦进入太空，火箭便会逐渐停止燃烧，与飞船分离，最终落回地球。在太空中作业时，飞船基本保持相同的速度继续滑行。由于它在几乎真空的环境中航行，没有任何摩擦力，因此不会减速。尽管目前大多数飞船都各自配备了小型火箭发动机，但它主要用于操纵飞船。

然而，飞船在太空中还可以借助引力弹弓效应来加速，即通过环绕行星航行来加速。这样，当行星绕着太阳运转时，飞船也可以从中获得一部分动力。美国宇航局的卡西尼号（Cassini）曾在金星和地球之间借了好几次力，才能最终以近 32 千米 / 秒的速度驶向木星。

行星之间的旅行

即便以这样的速度航行，在行星之间旅行依然要耗费很长时间。宇航员抵达384 400千米以外的月球也许只需要3天，但对于目前的宇宙飞船而言，到达火星至少需要180天，而到4.3光年（40万亿千米）以外的半人马座比邻星——它是距离我们最近的恒星，则需要40 000年。

如果火箭发动机能在进入太空之后继续为飞船提供动力，那么行星间旅行的速度将大大加快。只要延长加速的时间，飞船便能以更快的速度行驶，但这也需要更多的燃料。为了在130年内抵达半人马座比邻星，单个原子需要加速到10 000千米/秒（光速的3%）。若使用当前的化学火箭，则需要10^{434}个原子作为推进剂才能达到这一速度，而这比我们已观测到的宇宙中的原子数量还要多得多。

更快抵达

裂变火箭

所以，如果想要更快抵达太阳系中的其他行星，甚至前往太阳系之外，我们需要采取其他方式驱动飞船。选择之一是用核能源火箭取代化学火箭。在第24章中已讲到，在供能方面，核反应的效率比化学反应的效率高出100万倍。

最简单的方式是改良现有的火箭。我们可以使用一个核反应堆，将氢加热到几千度，由此产生高速移动的氢分子，让这些分子从火箭的后部喷射出去。在20世纪六七十年代，一些原型裂变火箭的试验表明，高温的氢分子能以70千米/秒的速度喷射出来。理论上，如果我们用聚变反应堆取代裂变反应堆，喷射速度会更高（可能会达到每秒几千千米），但正如第21章中所说的，科学家目前还无法生产可持续使用的核聚变反应堆。

离子推力器

由于面临许多实际问题，加上高昂的费用，美国科学家在20世纪70年代放弃了继续研制裂变火箭。但最近又出现了一种新型动力系统——离子推力器，它可能会为发明新的核动力飞行器打开大门。

离子推力器内部放置了一个放电室，负责从氙气之类的气体原子中剥离电子，将原子转化为带正电的阳离子。通过吸引它们到负极，这些阳离子将从飞行器后部发射出去，由此提供推力。

即使这些阳离子的速度可达到100千米/秒，但它们产生的推力依然是微不足道的：仅仅相当于吹起一张纸片，使其停留在空中。目前，离子推力器需要花费 4 天才能将一艘小型飞行器从静止状态加速到 100 千米 / 小时。也就是说，一艘使用离子推力器的飞船仍然需要使用传统的火箭才能被发射到太空中。

离子推力器之所以驱动力不足，是因为阳离子虽然能够被高速喷出，但数量并不多。这也意味着只需使用少量的氙气作为推动剂——不到 30 千克的氙气便能把一艘飞船送到火星——而且发动机可以持续工作，提供稳定且温和的加速度。随着时间推移，温和的加速度将逐渐累积，产生质的增长。

美国宇航局的黎明号（Dawn）曾使用离子推力器成功抵达了小行星带，于 2011 年访问了巨大的小行星灶神星（Vesta），2015 年访问了矮行星谷神星（Ceres）。在 8 年的巡航任务中，离子推力器将飞船的速度提高到了 10 千米 / 秒以上，使"黎明号"成为第一个曾环绕两个行星体运行的飞行器。

理论上，用裂变反应堆替代放电室可以将喷射速度提高到 1000 千米 / 秒，足以在 100 年内让一艘飞船到达比邻星。但这需要大量的铀来为裂变反应堆提供燃料：一艘 10 吨重的飞船（大约是卡西尼号的 4 倍大）需要 5000 万吨铀，这一数目是地球上已知铀资源数量的好多倍。

令人沮丧的现实是，为了在人类寿命的时限内抵达离我们最近的恒星，我们需要一个速度至少可达到30 000千米/秒（光速的10%）的飞行器，而这远远超出了我们当前的技术能力。然而，这并没有阻止科学家探索一切可能有效的方案以实现这一目标。

利用反物质来提供能源

实现这一目标的思路之一是利用反物质。反物质与普通物质完全相同，但具有相反的物理性质。比如，一个正电子和电子完全相同，只是带有正电荷而不是负电荷。当一个粒子遇到与之对应的反物质时，它们将彼此湮灭，根据阿尔伯特·爱因斯坦著名的公式 $E = mc^2$，将它们所有的质量转化为能量（见第16章）。

因此，反物质的湮灭代表了可能产生能量的最高效的方式，其效率相当于核裂变的数千倍。如果能通过反物质湮灭将液态的推进剂转化为高温气体，那么，将一艘一吨重的飞行器加速到30 000千米/秒只需要4吨推进剂和大约12千克的反物质。

可惜的是，我们还远远不能生产出哪怕是极少量的反物质。目前，反物质的生产只能依靠粒子加速器，每年仅仅出产十亿分之一克。

太阳帆和冲压发动机

如果说推进剂的数量是始终无法解决的难题，也许最好的办法是放弃推进剂。这就是开发太阳帆和冲压发动机背后的思路。

太阳帆利用了这一事实：当光子从反射面反弹时，会产生极微小的力。因此，太阳帆由与航天器相连的薄薄的反射面组成。当太阳发出的光子被太阳帆反射出来，便会施加一股足够强劲的合力来产生向前的动能，就像风推动着船帆一样。

显然，太阳帆需要足够大——几百米宽——才能反射足够多的光子，来提高自身以及附属飞行器的速度。它的确令人联想到一些迷人的复古未来风格的画面：宇航员驾驶着飞船在太阳系周围庄严地航行。利用太阳的引力，这些太空航行者可以驾驶太阳帆飞船向任何方向旅行，甚至朝向太阳。尽管这听起来很像科幻小说，但第一架原型太阳帆已于2010年6月被置于太空中，它的对角线只有20米。

从理论上说，太阳帆可以将飞船带到另一颗恒星，但它需要有30千米宽，并且需要有比太阳更为强劲的光子源来驱动它。因此，在太空中建造一个巨大的太阳能激光器不失为一个办法。它会向太阳帆放射出具有惊人能量的激光束，在30年内把太阳帆的速度提高到 60 000 千米 / 秒（光速的20%），从而让飞船能在 50 年内抵达比邻星。

如果有一个更大、更多组成元件的太阳帆（面积和法国国土差不多大），那么飞行器甚至能在它抵达目的地后减速，然后返回地球。如果太阳帆的中心部分能够从主帆背后延伸出来，光线从主帆反射到这个更小的帆面上，那么激光的能量就能使飞行器减速。这个更大的太阳帆还可以把飞行器的速度提高到光速的 50%（150 000 千米 / 秒）。

本质上，冲压喷气式发动机就是一种聚变动力火箭，不同的是，它能够从太空中获取所需的燃料。正如第 1 章所介绍的，到目前为止，氢是宇宙中最常见的元素，它形成了致密的分子云，并广泛地分布在星际空间中。

冲压喷气式发动机通过在自己前方铺设一个和地球同等大小的磁场，将所有可用的氢汇集到它的聚变反应堆中，利用产生的能量将聚变后的产物从底部喷出。冲压发动机独具匠心之处在于，它加速的同时也能收集更多的氢，从而使速度变得更快。由此，它飞得越快，就能越飞越快。计算显示，经过一年的飞行，冲压发动机可以加速到 270 000 千米 / 秒（光速的 90%）。

当冲压发动机加速时，它将越来越接近光速，但永远不可能超越它。因为按照阿尔伯特·爱因斯坦的说法，没有任何东西能够比光运动得更快：300 000 千米 / 秒是宇宙中速度的极限。也就是说，跳进你的宇宙飞船，然后迅速进入另一个星系，是不可能的。

选择捷径

按照常规路线，我们不可能比光更快地穿越宇宙，但如果能抄近道呢？

虫洞也许正是这样一条捷径。它们是宇宙空间结构中的断裂地带，连接着可能相隔数千光年的两个区域。就像你站在一楼的卧室里，想走到位于正下方的厨房。你可以走下楼梯到厨房，但如果能从卧室地板上的一个洞直接跳下去，便会快得多。

虽然虫洞从未被探测到，但它们的存在并不与我们当前的物理理论相冲突。可惜的是，如果虫洞真的存在，它们可能极不稳定，只能持续几分之一秒。然而，科学家认为，只有所谓的"异物质"——量子理论认为，它们在微小的尺度上不断被创造或湮灭——才能让虫洞稳定下来，飞行器才有可能穿过它。

世代船

即使以光速旅行，飞船到达比邻星也需要 4 年多的时间，而到达我们银河系的中心则需要 2.7 万年。但这并不意味着人类无法征服银河系，即使是以慢得多的速度。即使一次旅行需要数千年，但利用载有成百上千人和整个生态系统的巨大宇宙飞船，就可以实现让几代人在恒星之间旅行。这就是所谓的世代船背后的想法。

没那么快

虽然宇宙飞船要以光速飞行 2.7 万年才能到达银河系的中心，但对于飞船上的人来说，这时间并不长。因为正如阿尔伯特·爱因斯坦再次证明的那样，你运动得越快，时间就变得越慢。

这就确保了没有任何物体的运动速度可以超过光速。否则，如果你在宇宙飞船中以光速的一半旅行，打开前灯，随后，前灯的光束将以光速的 1.5 倍飞行。但事实并非如此，因为时间变慢了。

在低速状态下，这种减速几乎是察觉不到的，尽管它已被在飞机上飞行的高度精确的原子钟的实验所证明。然而，在接近光速的情况下，这种效应变得非常显著。

物体的速度是光速的 86% 时，时间以正常速度的一半流逝；而在光速的 99.5% 时，时间以正常速度的十分之一流逝。事实上，对于乘坐以接近光速飞行的宇宙飞船的人来说，似乎只需 20 年就能到达银河系中心。

星际旅行者可以旅行到一个星系并将其殖民。1000 年后，他们的后代可以开始踏上前往另一个星系的旅程。这样，据估计，即使在恒星之间旅行需要数千年，人类也可以在 1 亿年内跨越整个宇宙。这时间听起来可能很漫长，但恐龙统治地球的时间比这更长。

太快生存的困难和挑战

未来，人类的太空旅行不仅需要全新的飞行器推进系统，还需要新的方法来确保人类在太空旅行期间的安全和健康。人类需要在一个有重力、氧气、液态水、食物并且能够抵御宇宙射线的世界中演化。太空中并不具备这些条件，随着人类在太空中待的时间越来越长，这将带来越来越大的问题。

在没有重力的情况下，宇航员的骨密度每月下降 2%，肌肉体积每周缩小 5%。缺乏重力也会改变人体内水和血液的分布。这不仅会让宇航员看起来有些浮肿，还会给他们的眼球后部施加更多压力，压迫他们的视神经，长期下去可能会危及视力。

由于某种原因，零重力可以导致人体内一些通常无害的细菌和微生物变成致病性的，会让宇航员的呼吸道和口腔受感染。雪上加霜的是，暴露在宇宙射线弥漫的空间中，宇航员的免疫系统往往会被削弱（见第2章）。这些射线由太阳和其他恒星产生的质子和原子核等高能粒子组成，还可以在人体内产生活性氧，进而损害血管，诱发癌症，并进一步导致骨质流失。

有一些办法可以减少这些影响，但不能完全根除。定期锻炼有助于减缓骨骼和肌肉流失的速度，而吸收活性氧的药物可能有助于抵御宇宙射线。受科幻小说启发，我们可能需要更令人惊讶的解决方案，比如让宇宙飞船的一部分旋转以模拟重力环境。

本章小结

- 火箭的工作原理是将一种化学推进剂转化为一种从火箭尾部喷射出来的热气体，并向相反的方向移动。

- 在离子推力器中，一个放电室从气体（如氙）原子中剥离电子，将原子转化为带正电的阳离子，并从航天器后部发射出去。

- 为了在人的有生之年内抵达最近的恒星，我们需要一艘速度至少为 3 万千米 / 秒的宇宙飞船。

- 太阳帆利用了光子从反射面反弹时会产生微小的力这一事实。

- 正如阿尔伯特·爱因斯坦所证明的那样，没有任何东西的速度可以超过光速：30 万千米 / 秒是宇宙中的极限速度。

拓展阅读

- Collins Peterson, Carolyn, *Space Exploration: Past, present, future* (Stroud: Amberley Publishing, 2017).

- Wall, Michael, *Out There: A scientific guide to alien life, antimatter, and human space travel (for the cosmically curious)* (New York: Grand Central Publishing, 2018).

第**30**章

笃定发生

"在过去的一个世纪里，发生了比之前一千年还多的变化。新世纪将发生的变化会使上个世纪的变化相形见绌。"英国科幻作家威尔斯在1902年的一次演讲中如是说（本章标题来自他1936年创作的一部电影剧本的标题）。

他的预测是正确的，并且在可预见的未来也许依然正确，因为人类技术的发展速度在不断加快。19 世纪出现了铁路、电力、相机和第一批汽车，20 世纪出现了飞机、核能、基因工程和互联网。想象一下，我们在未来 100 年或未来 1000 年甚至未来 10 000 年里将取得什么样的成就？当然，这一切的前提是，我们没有在这期间毁灭自己（见第 24 章）。

想象我们在未来会取得什么成就，不仅仅是科幻作家的工作。一些科学家也对人类可能取得的进步和可能研发出来的先进技术进行了预测。不幸的是，另一位知名英国科幻作家阿瑟·克拉克的幽灵一直笼罩着这些预测。他曾断言：任何足够先进的技术都与魔法无异。

人类做这些预测，是因为倾向于相信在未来的几千年内，人类的技术将非常先进，几乎能够做到无所不能。与许多科幻作家不同，科学家试图通过确保他们的预测与我们目前的任何物理理论不相矛盾来抵制这种夸张的倾向。科学家的预测暂且在技术层面上难以实现，但它们在理论层面是有可能的。

然而，这并不是说，几千年后我们的科学和技术不可能发展到能够实现目前无法想象的事情的阶段，例如太空旅行速度超过光速。但在进行预测时，有一些自我施加的限制往往是有用的。因此，基于我们目前对科学的理解，本章中详述的所有先进技术在理论上都是可能的。

殖民太空

无论是科幻作家还是科学家，几乎所有展望未来的人都同意，在某一时刻，我们将大举进军太空，也许会使用第 29 章中详述的一些新型推进技术。就目前而言，这个预测的可靠性有待考察，因为在 20 世纪 60 年代，许多人曾认为我们将在 21 世纪初在月球甚至火星上建立基地。目前看来，殖民太空带来的益处将开始超过其弊端。

小行星带

尽管可能要花几百年的时间，但我们终会到达这样的地步：人类所需的生活空间或自然资源开始超过地球所能提供的最大限度。解决这两种短缺最简单的方法可能是将目光转向在火星和木星之间运行的小行星带，它由巨大的岩石构成。

因为这些小行星是由与地球相同的尘埃和气体

盘形成的，它们富含许多与地球上相同的材料，包括铁、硅、镍、铜、铅和锌，以及碳、水、氢和氮。所以，当我们用完了这些可以从地壳中轻易提取的物质时，我们就可以开始从小行星上获取它们。

这涉及在小行星上建立采矿基地，让其仍在小行星带中运行，已知有几千个小行星的直径超过 1 千米；或者将小行星运回地球并在轨道上将其拆解。这种运输可以简单地通过将小行星的一部分碎片发射进太空来实现。根据作用力与反作用力的原理（见第 29 章），这样做将使小行星的另一部分朝相反的方向加速，有可能将这部分碎片一路送达地球。

此外，在一种极端的回收利用形式中，当小行星上的矿物被采空以后，随后它还可以被用作栖息地。这个想法是让殖民者居住在小行星的内壁上，让小行星旋转，来模拟重力的作用。若是将小行星带中数千颗直径大于 1 千米的小行星的表面积加在一起，那比地球上所有大陆的表面积都要大。

太空栖息地

另外，取自小行星的资源可以用于建造定制的太空栖息地。科学家已经想出了这种栖息地的可行的设计方案。在 20 世纪 70 年代，一位名叫杰拉德·奥尼尔（Gerard O'Neil）的美国物理学家设计了一个圆柱形的太空栖息地，人们将居住在三个条带里。这些可居住的条带被三个同样大小的透明墙分隔开来。

在圆柱体外部，三面铝镜沿着圆柱体的长边延伸，通过透明墙将阳光反射到可居住的条带内。此外，这些镜子可以移动到覆盖透明墙的位置，阻挡所有进入的光线，来模拟夜晚。与小行星一样，栖息地将围绕其轴线旋转，每分钟旋转一周，以模拟重力，而其所有的能量需求将由部署在圆柱体一端的一组太阳能电池板提供。

奥尼尔构想的这些太空栖息地有几种不同的尺寸。最小的长 1 千米，宽 200 米，能容纳 1 万人；最大的长 32 千米，宽 6.4 千米，能容纳 100 万人。只要在这些栖息地装上发动机，就能把它们变成第 29 章中提到的用于星际旅行的世代飞船。

火星上的生活

假如因为人类人口增长太多，或者因为我们已经让地球的大片地区变得不适合居住，从而面临严重的土地短缺，那么我们唯一的选择就是移民火星。然而，在我们这样做之前，我们必须保证火星的宜居性。火星目前缺乏液态水和可呼吸的大气层，且其地表平均温度为零下65摄氏度。众所周知，尽管这将是一项浩大的工程，但这样的"地球化"改造似乎是可行的。

据美国宇航局科学家在20世纪90年代初进行的一项研究所示，需要将数百亿吨温室气体（例如破坏臭氧层的氯氟烃）泵入火星稀薄的大气层中。这将使火星大气层变厚并引发火星变暖，使火星的平均温度升高约20摄氏度。结果是，极地冰盖和覆盖火星表面的永久冻土都将开始融化，释放出被冻住的二氧化碳，从而加剧全球变暖。通过在火星上播种能在这些恶劣条件下生存繁殖的转基因或合成细菌，还可以生成更多的温室气体。

将太阳能集中到极地冰盖上，能将融化的冰转化为水蒸气，从而进一步加剧全球变暖。这些水蒸气会凝结成云，然后形成暴雨，最终在火星的表面形成河流、海洋和大洋。最后，可以引入植物来向大气中释放氧气。总的来说，这种地球化改造可能需要经过1000多年的努力。

捕获更多的太阳能

到那时，人类可能短缺的将不仅仅是土地和资源，还有能源。我们目前所有的能源最初都来自太阳，但地球接收到的能量不到太阳产生的能量的十亿分之一。未来，我们应该能够通过在太空中建造巨大的太阳能电池板来捕获更多的太阳能，但最终还是会无法满足人类的需求。

从 1973 年到 2007 年，人类的能源消耗平均每年增长 0.01% 以上。如果这个增速持续下去，在 30 万年内，我们使用的能量将相当于太阳释放的所有能量。

为了获取太阳的所有能量，我们唯一的选择是围绕太阳建立一个巨大的球体，其半径等于从太阳到地球的距离。然后，人类可以生活在这个球体的内表面，它可以容纳数千亿甚至数万亿人。这个球体就是戴森球（Dyson Sphere），以最早提出这一想法的美国物理学家弗里曼·戴森（Freeman Dyson）的名字命名。

事实上，这么大的一个实心球体将是不稳定的，所以戴森建议建立一个完全包围太阳的环形系统。不幸的是，要获得建造这些巨环所需的材料，就需要拆解太阳系中的好几颗行星。

奥拉夫·斯塔普雷顿
(Olaf Stapledon，1886—1950)

在所有试图窥探遥远未来的科幻作家中，最雄心勃勃的也许当属英国作家奥拉夫·斯塔普雷顿。其实斯塔普雷顿不仅是一位科幻作家，还是一位哲学家，他于1925年获得利物浦大学的哲学博士学位，并撰写了多部哲学和伦理学的学术著作。

因此，他以独特的视角看待遥远的未来，他把他的两部关于遥远未来的小说——《最后与最初的人》（*Last and First Men*）和《造星主》（*Star Maker*）——视为"未来史"，而不是传统的科幻小说。他感兴趣的是对人类和宇宙的未来前景做出推测性的但又合理的描述，而不是简单地撰写以未来为背景的故事。

1930年出版的《最后与最初的人》和1937年出版的《造星主》的特殊之处在于它们的视野和远见。《最后与最初的人》描述了人类文明未来20亿年的进程，在这期间，无数文明兴衰起落，人类进化出了18代外观迥异的物种，我们的家园从地球迁移到金星再到海王星。但与《造星主》比起来，《最后与最初的人》还是逊色不少，前者追踪了1000亿年来宇宙中生命的发展，并描述了许多不同的外星文明和文化。

在这些小说中，斯塔普雷顿还引入了许多后来成为科幻小说和主流科学的主要内容的概念，本章将介绍其中的几个概念。比如，《最后与最初的人》包含了对地球化改造的首次描述，即第五代人类将金星改造为栖息地。作者还提出了类似基因工程的概念，即第八代人类将自己改造为适宜在海王星上生存的物种。《造星主》描写了一种后来被称为戴森球的构想，弗里曼·戴森也坦率承认，这部小说是他的一个重要的灵感来源。

太阳之死

然而，从长远来看，即便是戴森球也不足以保障人类的未来。首先，在大约 60 亿年后，我们的太阳将寿终正寝，它会先变成一颗巨大的红巨星，再变成一颗小小的末期恒星（又称白矮星）。但愿到那时，人类已经殖民了整个银河系，这样，才能减轻太阳之死和我们母星的毁灭所带来的创伤。在自然进化和基因工程的推动下，人类也很可能已经分裂成无数不同的物种，每个物种都适应了各自特定星系的生存条件。

只要银河系中还有恒星，人类就可能有充足的能源供应。然而，不幸的是，情况并非总是如此。正如我们在第 16 章中所了解到的，宇宙中的熵正在稳步增加：可用的能量正在转化为不可用的、扩散的热量。这实际上意味着作为新恒星诞生地的巨大分子尘埃云正在逐渐被消耗殆尽。据计算，恒星形成的时代将在约 100 万亿年后结束。

我们所知道的宇宙尽头

届时，银河系将由白矮星、褐矮星（无法在其核心点燃核聚变的小恒星）、行星、小行星和大质量黑洞（见第 2 章）组成，黑洞将慢慢吞噬其他的一切。在相当长的时间里，大约 10^{27} 年，我们能设想从这些巨大的黑洞中获取能量，但它们最终也会蒸发掉。

我们甚至无法逃到其他星系。这不仅是因为那里可能也在发生同样的过程，还因为到那时，其他星系已经离我们太远了。最近的天文观测表明，宇宙的膨胀实际上正在加速，这或许是由于"暗能量"的作用（见第 1 章）。如果真是这样，那么在遥远未来的某个时刻，我们现在所能看到的所有其他星系都会消失在地平线上（除了离我们最近的星系仙女座，它很可能在约 60 亿年后与银河系相撞）。我们将在宇宙中变得彻底孤独。

那么，随着宇宙逐渐衰退，人类就没有办法生存了吗？可能有。一些科学家推测，当一颗大质量恒星坍缩、产生黑洞时，可能会触发一个新宇宙的形成，这个新宇宙会与我们现有的宇宙完全隔绝。如果人类能够以某种方式穿越黑洞，甚至穿越人类自己创造的黑洞，那么可能会迎来一个新宇宙的曙光。

我相信那会是人类的未来。

本章小结

- 当我们用完地壳中的铁和硅等所有矿藏时，我们可以开始从小行星上获取它们。
- 人类可以生活在被挖空的小行星上，或者用小行星材料建造为人类量身定制的太空栖息地。
- 对火星进行地球化改造以使其适合人类居住，可能需要超过 1000 年的时间。
- 为了捕获太阳的所有能量，人类可以围绕它建造一个巨大的球体（被称为戴森球），然后生活在球内表面。
- 由于熵的作用，恒星形成的时代应在约 100 万亿年后结束。

拓展阅读

- Galfard, Christophe, *The Universe in Your Hand: A journey through space, time and beyond* (London: Pan Books, 2016).
- Kaku, Michio, *The Future of Humanity: Terraforming Mars, interstellar travel, immortality, and our destiny beyond* (London: Penguin, 2019).